TRANZLATY

La Langue est pour tout le Monde

Taal is voor iedereen

Le Manifeste Communiste

Het Communistisch Manifest

Karl Marx
&
Friedrich Engels

Français / Nederlands

Copyright © 2025 Tranzlaty
All rights reserved.
Published by Tranzlaty
ISBN: 978-1-80572-363-9
Original text by Karl Marx and Friedrich Engels
The Communist Manifesto
First published in 1848
www.tranzlaty.com

Introduction
Introductie

Un spectre hante l'Europe : le spectre du communisme

Er waart een spook door Europa, het spook van het communisme

Toutes les puissances de la vieille Europe ont conclu une sainte alliance pour exorciser ce spectre

Alle mogendheden van het oude Europa zijn een heilig verbond aangegaan om dit spook uit te drijven

Le pape et le tsar, Metternich et Guizot, les radicaux français et les espions de la police allemande

Paus en tsaar, Metternich en Guizot, Franse radicalen en Duitse politiespionnen

Où est le parti dans l'opposition qui n'a pas été décrié comme communiste par ses adversaires au pouvoir ?

Waar is de partij in de oppositie die niet als communistisch is bestempeld door haar tegenstanders aan de macht?

Où est l'opposition qui n'a pas rejeté le reproche de marque du communisme contre les partis d'opposition les plus avancés ?

Waar is de oppositie die de brandende smaad van het communisme tegen de meer vooruitstrevende oppositiepartijen niet heeft teruggeworpen?

Et où est le parti qui n'a pas porté l'accusation contre ses adversaires réactionnaires ?

En waar is de partij die de beschuldiging tegen haar reactionaire tegenstanders niet heeft geuit?

Deux choses résultent de ce fait

Dit feit leidt tot twee dingen

I. Le communisme est déjà reconnu par toutes les puissances européennes comme étant lui-même une puissance

I. Het communisme wordt reeds door alle Europese mogendheden erkend als een mogendheid

II. Il est grand temps que les communistes publient ouvertement, à la face du monde entier, leurs vues, leurs buts et leurs tendances

II. Het is de hoogste tijd dat communisten openlijk, ten overstaan van de hele wereld, hun opvattingen, doelstellingen en tendensen bekendmaken

ils doivent répondre à ce conte enfantin du spectre du communisme par un manifeste du parti lui-même

ze moeten dit kinderverhaal van het spook van het communisme ontmoeten met een manifest van de partij zelf

À cette fin, des communistes de diverses nationalités se sont réunis à Londres et ont esquissé le manifeste suivant

Daartoe hebben communisten van verschillende nationaliteiten zich in Londen verzameld en het volgende manifest opgesteld.

ce manifeste sera publié en anglais, français, allemand, italien, flamand et danois

dit manifest zal worden gepubliceerd in de Engelse, Franse, Duitse, Italiaanse, Vlaamse en Deense taal

Et maintenant, il doit être publié dans toutes les langues proposées par Tranzlaty

En nu moet het worden gepubliceerd in alle talen die Tranzlaty aanbiedt

Les bourgeois et les prolétaires
Bourgeois en de proletariërs

L'histoire de toutes les sociétés qui ont existé jusqu'à présent est l'histoire des luttes de classes

De geschiedenis van alle tot nu toe bestaande maatschappijen is de geschiedenis van de klassenstrijd

Homme libre et esclave, patricien et plébéien, seigneur et serf, maître de guilde et compagnon

Vrije man en slaaf, patriciër en plebejer, heer en lijfeigene, gildemeester en gezel

en un mot, oppresseur et opprimé

In één woord, onderdrukker en onderdrukte

Ces classes sociales étaient en opposition constante les unes avec les autres

Deze sociale klassen stonden voortdurend tegenover elkaar

Ils se sont battus sans interruption. Maintenant caché, maintenant ouvert

Ze voerden een ononderbroken strijd. Nu verborgen, nu open

un combat qui s'est terminé par une reconstitution révolutionnaire de la société dans son ensemble

een strijd die ofwel eindigde in een revolutionaire heroprichting van de samenleving als geheel

ou un combat qui s'est terminé par la ruine commune des classes en lutte

of een strijd die eindigde in de gemeenschappelijke ondergang van de strijdende klassen

Jetons un coup d'œil aux époques antérieures de l'histoire

Laten we terugkijken naar de vroegere tijdperken van de geschiedenis

Nous trouvons presque partout un arrangement compliqué de la société en divers ordres

We vinden bijna overal een ingewikkelde indeling van de samenleving in verschillende ordeningen

Il y a toujours eu une gradation multiple du rang social

Er is altijd een veelvoudige gradatie van sociale rang geweest

Dans la Rome antique, nous avons des patriciens, des chevaliers, des plébéiens, des esclaves

In het oude Rome hebben we patriciërs, ridders, plebejers, slaven

au Moyen Âge : seigneurs féodaux, vassaux, maîtres de corporation, compagnons, apprentis, serfs

in de Middeleeuwen: feodale heren, vazallen, gildemeesters, gezellen, leerlingen, lijfeigenen

Dans presque toutes ces classes, encore une fois, les gradations subordonnées

In bijna al deze klassen zijn er weer ondergeschikte gradaties

La société bourgeoise moderne est née des ruines de la société féodale

De moderne bourgeoisie is ontsproten uit de ruïnes van de feodale maatschappij

Mais ce nouvel ordre social n'a pas fait disparaître les antagonismes de classe

Maar deze nieuwe sociale orde heeft de klassentegenstellingen niet opgeheven

Elle n'a fait qu'établir de nouvelles classes et de nouvelles conditions d'oppression

Het heeft alleen maar nieuwe klassen en nieuwe voorwaarden van onderdrukking geschapen

Il a mis en place de nouvelles formes de lutte à la place des anciennes

Het heeft nieuwe vormen van strijd ingesteld in plaats van de oude

Cependant, l'époque dans laquelle nous nous trouvons possède un trait distinctif

Het tijdperk waarin we ons bevinden heeft echter één onderscheidend kenmerk

l'époque de la bourgeoisie a simplifié les antagonismes de classe

het tijdperk van de bourgeoisie heeft de klassentegenstellingen vereenvoudigd

La société dans son ensemble se divise de plus en plus en deux grands camps hostiles

De samenleving als geheel valt steeds meer uiteen in twee grote vijandige kampen

deux grandes classes sociales qui se font directement face : la bourgeoisie et le prolétariat

twee grote sociale klassen die recht tegenover elkaar staan: de bourgeoisie en het proletariaat

Des serfs du Moyen Âge sont sortis les bourgeois agréés des premières villes

Uit de lijfeigenen van de Middeleeuwen kwamen de gecharterde burgers van de vroegste steden voort

C'est à partir de ces bourgeois que se sont développés les premiers éléments de la bourgeoisie

Uit deze burgerij ontwikkelden zich de eerste elementen van de bourgeoisie

La découverte de l'Amérique et le contournement du Cap

De ontdekking van Amerika en de ronding van de Kaap

ces événements ont ouvert un nouveau terrain à la bourgeoisie montante

deze gebeurtenissen openden nieuw terrein voor de opkomende bourgeoisie

Les marchés des Indes orientales et de la Chine, la colonisation de l'Amérique, le commerce avec les colonies

De Oost-Indische en Chinese markten, de kolonisatie van Amerika, de handel met de koloniën

l'augmentation des moyens d'échange et des marchandises en général

de toename van de ruilmiddelen en van de waren in het algemeen

Ces événements donnèrent au commerce, à la navigation et à l'industrie une impulsion jamais connue jusque-là

Deze gebeurtenissen gaven aan de handel, de scheepvaart en de industrie een impuls die nog nooit eerder was gekend

Elle a donné un développement rapide à l'élément révolutionnaire dans la société féodale chancelante

Het gaf een snelle ontwikkeling aan het revolutionaire element in de wankelende feodale samenleving

Les guildes fermées avaient monopolisé le système féodal de la production industrielle

Gesloten gilden hadden het feodale systeem van industriële productie gemonopoliseerd

Mais cela ne suffisait plus aux besoins croissants des nouveaux marchés

Maar dit was niet langer voldoende voor de groeiende behoeften van de nieuwe markten

Le système manufacturier a pris la place du système féodal de l'industrie

Het productiesysteem nam de plaats in van het feodale systeem van de industrie

Les maîtres de guilde étaient poussés d'un côté par la classe moyenne manufacturière

De gildemeesters werden aan de kant geschoven door de industriële middenklasse

La division du travail entre les différentes corporations a disparu

De arbeidsverdeling tussen de verschillende corporatiegilden verdween

La division du travail s'infiltrait dans chaque atelier

De arbeidsdeling drong door tot in elke werkplaats

Pendant ce temps, les marchés ne cessaient de croître et la demande ne cessait d'augmenter

Ondertussen bleven de markten steeds groeien en nam de vraag steeds verder toe

Même les usines ne suffisaient plus à répondre à la demande

Zelfs fabrieken volstonden niet meer om aan de vraag te voldoen

À partir de là, la vapeur et les machines ont révolutionné la production industrielle

Daarop zorgden stoom en machines voor een revolutie in de industriële productie

La place de fabrication a été prise par le géant de l'industrie moderne

De plaats van fabricage werd ingenomen door de reus, de moderne industrie

La place de la classe moyenne industrielle a été prise par des millionnaires industriels

De plaats van de industriële middenklasse werd ingenomen door industriële miljonairs

la place de chefs d'armées industrielles entières ont été prises par la bourgeoisie moderne

de plaats van de leiders van hele industriële legers werd ingenomen door de moderne bourgeoisie

la découverte de l'Amérique a ouvert la voie à l'industrie moderne pour établir le marché mondial

de ontdekking van Amerika maakte de weg vrij voor de moderne industrie om de wereldmarkt te vestigen

Ce marché donna un immense développement au commerce, à la navigation et aux communications par terre

Deze markt gaf een enorme ontwikkeling aan de handel, scheepvaart en communicatie over land

Cette évolution a, en son temps, réagi à l'extension de l'industrie

Deze ontwikkeling heeft in de loop van de tijd een weerslag gehad op de uitbreiding van de industrie

elle a réagi proportionnellement à l'expansion de l'industrie et à l'extension du commerce, de la navigation et des chemins de fer

Het reageerde in verhouding tot de manier waarop de industrie zich uitbreidde, en hoe handel, scheepvaart en spoorwegen zich uitbreidden

dans la même proportion que la bourgeoisie s'est développée, elle a augmenté son capital

in dezelfde mate als de bourgeoisie zich ontwikkelde, vermeerderden zij haar kapitaal

et la bourgeoisie a relégué à l'arrière-plan toutes les classes héritées du Moyen Âge

en de bourgeoisie verdreef elke klasse die uit de
middeleeuwen was overgeleverd naar de achtergrond
**c'est pourquoi la bourgeoisie moderne est elle-même le
produit d'un long développement**
daarom is de moderne bourgeoisie zelf het product van een
lange ontwikkelingsweg
**On voit qu'il s'agit d'une série de révolutions dans les
modes de production et d'échange**
We zien dat het een reeks revoluties is in de productie- en
ruilwijzen
**Chaque étape du développement de la bourgeoisie
s'accompagnait d'une avancée politique correspondante**
Elke stap in de ontwikkeling van de bourgeoisie ging gepaard
met een overeenkomstige politieke vooruitgang
Une classe opprimée sous l'emprise de la noblesse féodale
Een onderdrukte klasse onder de heerschappij van de feodale
adel
**Une association armée et autonome dans la commune
médiévale**
Een gewapende en zelfbesturende vereniging in de
middeleeuwse gemeente
**ici, une république urbaine indépendante (comme en Italie
et en Allemagne)**
hier een onafhankelijke stedelijke republiek (zoals in Italië en
Duitsland)
**là, un « tiers état » imposable de la monarchie (comme en
France)**
daar een belastbare "derde stand" van de monarchie (zoals in
Frankrijk)
par la suite, dans la période de fabrication proprement dite
daarna, in de eigenlijke fabricageperiode
**la bourgeoisie servait soit la monarchie semi-féodale, soit la
monarchie absolue**
de bourgeoisie diende ofwel de semi-feodale ofwel de
absolute monarchie
ou bien la bourgeoisie faisait contrepoids à la noblesse

of de bourgeoisie fungeerde als tegenwicht tegen de adel

et, en fait, la bourgeoisie était une pierre angulaire des grandes monarchies en général

en in feite was de bourgeoisie een hoeksteen van de grote monarchieën in het algemeen

mais l'industrie moderne et le marché mondial se sont établis depuis lors

maar de moderne industrie en de wereldmarkt hebben zich sindsdien gevestigd

et la bourgeoisie s'est emparée de l'emprise politique exclusive

en de bourgeoisie heeft zich de exclusieve politieke heerschappij veroverd

elle a obtenu cette influence politique à travers l'État représentatif moderne

het bereikte deze politieke heerschappij door de moderne representatieve staat

Les exécutifs de l'État moderne ne sont qu'un comité de gestion

De uitvoerende macht van de moderne staat is slechts een bestuurscomité

et ils gèrent les affaires communes de toute la bourgeoisie

en zij beheren de gemeenschappelijke zaken van de gehele bourgeoisie

La bourgeoisie, historiquement, a joué un rôle des plus révolutionnaires

De bourgeoisie heeft historisch gezien een zeer revolutionaire rol gespeeld

Partout où elle a pris le dessus, elle a mis fin à toutes les relations féodales, patriarcales et idylliques

Overal waar het de overhand kreeg, maakte het een einde aan alle feodale, patriarchale en idyllische verhoudingen

Elle a impitoyablement déchiré les liens féodaux hétéroclites qui liaient l'homme à ses « supérieurs naturels »

Het heeft meedogenloos de bonte feodale banden verscheurd die de mens aan zijn 'natuurlijke superieuren' bonden

et il n'y a plus de lien entre l'homme et l'homme, si ce n'est l'intérêt personnel

En het heeft geen verband tussen mens en mens overgelaten, anders dan naakt eigenbelang

Les relations de l'homme entre eux ne sont plus qu'un « paiement en espèces » impitoyable

De relaties van de mens met elkaar zijn niets meer geworden dan harteloze "contante betaling"

Elle a noyé les extases les plus célestes de la ferveur religieuse

Het heeft de meest hemelse extases van religieuze ijver verdronken

elle a noyé l'enthousiasme chevaleresque et le sentimentalisme philistin

Het heeft ridderlijk enthousiasme en kleinburgerlijk sentimentalisme verdronken

Il a noyé ces choses dans l'eau glacée du calcul égoïste

Het heeft deze dingen verdronken in het ijskoude water van egoïstische berekening

Il a transformé la valeur personnelle en valeur échangeable

Het heeft persoonlijke waarde omgezet in ruilwaarde

elle a remplacé les innombrables et inaliénables libertés garanties par la Charte

Het is in de plaats gekomen van de talloze en onaantastbare gecharterde vrijheden

et il a mis en place une liberté unique et inadmissible ; Libre-échange

en het heeft een enkele, gewetenloze vrijheid in het leven geroepen; Vrijhandel

En un mot, il l'a fait pour l'exploitation

In één woord, het heeft dit gedaan voor uitbuiting

Une exploitation voilée par des illusions religieuses et politiques

uitbuiting versluierd door religieuze en politieke illusies

l'exploitation voilée par une exploitation nue, éhontée, directe, brutale

uitbuiting versluierd door naakte, schaamteloze, directe, brute uitbuiting

la bourgeoisie a enlevé l'auréole de toutes les occupations jusque-là honorées et vénérées

de bourgeoisie heeft het aureool van elke voorheen geëerde en vereerde bezigheid ontdaan

le médecin, l'avocat, le prêtre, le poète et l'homme de science

de arts, de advocaat, de priester, de dichter en de man van de wetenschap

Il a converti ces travailleurs distingués en ses travailleurs salariés

Zij heeft deze voorname arbeiders tot haar betaalde loonarbeiders gemaakt

La bourgeoisie a déchiré le voile sentimental de la famille

De bourgeoisie heeft de sentimentele sluier van het gezin weggerukt

et elle a réduit la relation familiale à une simple relation d'argent

En het heeft de familierelatie gereduceerd tot een loutere geldrelatie

la brutale démonstration de vigueur au Moyen Âge que les réactionnaires admirent tant

het brute vertoon van kracht in de Middeleeuwen dat de reactionisten zo bewonderen

Même cela a trouvé son complément approprié dans l'indolence la plus paresseuse

Zelfs dit vond zijn passende aanvulling in de meest luie traagheid

La bourgeoisie a révélé comment tout cela s'est passé

De bourgeoisie heeft onthuld hoe dit alles is gebeurd

La bourgeoisie a été la première à montrer ce que l'activité de l'homme peut produire

De bourgeoisie is de eerste geweest om te laten zien wat de activiteit van de mens teweeg kan brengen

Il a accompli des merveilles surpassant de loin les pyramides égyptiennes, les aqueducs romains et les cathédrales gothiques

Het heeft wonderen verricht die Egyptische piramides, Romeinse aquaducten en gotische kathedralen ver overtreffen

et il a mené des expéditions qui ont mis dans l'ombre tous les anciens Exodes des nations et les croisades

en het heeft expedities uitgevoerd die alle voormalige Exoduses van naties en kruistochten in de schaduw hebben gesteld

La bourgeoisie ne peut exister sans révolutionner sans cesse les instruments de production

De bourgeoisie kan niet bestaan zonder de productiemiddelen voortdurend te revolutioneren

et par conséquent elle ne peut exister sans ses rapports à la production

en daardoor kan het niet bestaan zonder zijn relaties tot de productie

et donc elle ne peut exister sans ses relations avec la société

en daarom kan het niet bestaan zonder zijn relaties met de samenleving

Toutes les classes industrielles antérieures avaient une condition en commun

Alle vroegere industriële klassen hadden één voorwaarde gemeen

Ils s'appuyaient sur la conservation des anciens modes de production

Ze vertrouwden op het behoud van de oude productiewijzen

mais la bourgeoisie a apporté avec elle une dynamique tout à fait nouvelle

maar de bourgeoisie bracht een geheel nieuwe dynamiek met zich mee

Révolution constante de la production et perturbation ininterrompue de toutes les conditions sociales

Voortdurende omwenteling van de productie en ononderbroken verstoring van alle sociale omstandigheden

cette incertitude et cette agitation perpétuelles distinguent l'époque bourgeoise de toutes les époques antérieures

deze voortdurende onzekerheid en agitatie onderscheidt het tijdperk van de bourgeoisie van alle voorgaande

Les relations antérieures avec la production s'accompagnaient de préjugés et d'opinions anciens et vénérables

Eerdere relaties met de productie gingen gepaard met oude en eerbiedwaardige vooroordelen en meningen

Mais toutes ces relations figées et figées sont balayées d'un revers de main

Maar al deze vaste, vastgevroren relaties worden weggevaagd

Toutes les relations nouvellement formées deviennent archaïques avant de pouvoir s'ossifier

Alle nieuw gevormde relaties raken verouderd voordat ze kunnen verstarren

Tout ce qui est solide se fond dans l'air, et tout ce qui est saint est profané

Alles wat vast is, smelt in lucht, en alles wat heilig is, wordt ontheiligd

L'homme est enfin forcé de faire face, avec des sens sobres, à ses conditions réelles de vie

De mens wordt ten slotte gedwongen zijn werkelijke levensomstandigheden onder ogen te zien met nuchtere zintuigen

et il est obligé de faire face à ses relations avec les siens

en hij is gedwongen zijn relaties met zijn soortgenoten onder ogen te zien

La bourgeoisie a constamment besoin d'élargir ses marchés pour ses produits

De bourgeoisie moet haar markten voor haar producten voortdurend uitbreiden

et, à cause de cela, la bourgeoisie est poursuivie sur toute la surface du globe

en daarom wordt de bourgeoisie over de hele aardbol achtervolgd

La bourgeoisie doit se nicher partout, s'installer partout, établir des liens partout

De bourgeoisie moet zich overal nestelen, zich overal vestigen, overal verbindingen leggen

La bourgeoisie doit créer des marchés dans tous les coins du monde pour exploiter

De bourgeoisie moet in alle uithoeken van de wereld markten creëren om te exploiteren

La production et la consommation dans tous les pays ont reçu un caractère cosmopolite

De productie en consumptie heeft in elk land een kosmopolitisch karakter gekregen

le chagrin des réactionnaires est palpable, mais il s'est poursuivi malgré tout

het verdriet van de reactionisten is voelbaar, maar het is toch doorgegaan

La bourgeoisie a tiré de dessous les pieds de l'industrie le terrain national sur lequel elle se trouvait

De bourgeoisie heeft de nationale grond, waarop zij stond, onder de voeten van de industrie weggesleept

Toutes les anciennes industries nationales ont été détruites, ou sont détruites chaque jour

Alle oude gevestigde nationale industrieën zijn vernietigd, of worden dagelijks vernietigd

Toutes les anciennes industries nationales sont délogées par de nouvelles industries

Alle oude gevestigde nationale industrieën worden verdreven door nieuwe industrieën

Leur introduction devient une question de vie ou de mort pour toutes les nations civilisées

Hun invoering wordt een kwestie van leven en dood voor alle beschaafde naties

Ils sont délogés par les industries qui ne travaillent plus la matière première indigène

ze worden verdreven door industrieën die geen inheemse grondstoffen meer bewerken

Au lieu de cela, ces industries extraient des matières premières des zones les plus reculées

In plaats daarvan halen deze industrieën grondstoffen uit de meest afgelegen zones

dont les produits sont consommés, non seulement chez nous, mais dans tous les coins du monde

industrieën waarvan de producten niet alleen thuis worden geconsumeerd, maar in alle uithoeken van de wereld

À la place des anciens besoins, satisfaits par les productions du pays, nous trouvons de nouveaux besoins

In plaats van de oude behoeften, bevredigd door de producties van het land, vinden we nieuwe behoeften

Ces nouveaux besoins exigent pour leur satisfaction les produits des pays et des climats lointains

Deze nieuwe behoeften vereisen voor hun bevrediging de producten van verre landen en klimaten ·

À la place de l'ancien isolement et de l'autosuffisance locaux et nationaux, nous avons le commerce

In plaats van de oude lokale en nationale afzondering en zelfvoorziening, hebben we handel

les échanges internationaux dans toutes les directions ; l'interdépendance universelle des nations

internationale uitwisseling in alle richtingen; Universele onderlinge afhankelijkheid van naties

Et de même que nous sommes dépendants des matériaux, nous sommes dépendants de la production intellectuelle

En net zoals wij afhankelijk zijn van materialen, zo zijn wij ook afhankelijk van intellectuele productie

Les créations intellectuelles des nations individuelles deviennent la propriété commune

De intellectuele scheppingen van individuele naties worden gemeenschappelijk bezit

L'unilatéralité nationale et l'étroitesse d'esprit deviennent de plus en plus impossibles

Nationale eenzijdigheid en bekrompenheid worden steeds onmogelijker

**et des nombreuses littératures nationales et locales, surgit
une littérature mondiale**
En uit de talrijke nationale en lokale literatuur ontstaat een
wereldliteratuur
**par l'amélioration rapide de tous les instruments de
production**
door de snelle verbetering van alle productie-instrumenten
par les moyens de communication immensément facilités
door de enorm gefaciliteerde communicatiemiddelen
**La bourgeoisie entraîne tout le monde (même les nations les
plus barbares) dans la civilisation**
De bourgeoisie trekt iedereen (zelfs de meest barbaarse naties)
in de beschaving
**Les prix bon marché de ses marchandises ; l'artillerie lourde
qui abat toutes les murailles chinoises**
De goedkope prijzen van zijn grondstoffen; het zware geschut
dat alle Chinese muren neerhaalt
**La haine obstinée des barbares contre les étrangers est forcée
de capituler**
De intens hardnekkige haat van de barbaren tegen
buitenlanders wordt gedwongen te capituleren
**Elle oblige toutes les nations, sous peine d'extinction, à
adopter le mode de production bourgeois**
Het dwingt alle naties, op straffe van uitroeiing, om de
bourgeoisie productiewijze aan te nemen
**elle les oblige à introduire ce qu'elle appelle la civilisation
en leur sein**
Het dwingt hen om wat het beschaving noemt in hun midden
te introduceren
**La bourgeoisie force les barbares à devenir eux-mêmes
bourgeois**
De bourgeoisie dwingt de barbaren om zelf bourgeoisie te
worden
en un mot, la bourgeoisie crée un monde à son image
in één woord, de bourgeoisie schept een wereld naar haar
eigen beeld

La bourgeoisie a soumis les campagnes à la domination des villes

De bourgeoisie heeft het platteland onderworpen aan de heerschappij van de steden

Il a créé d'énormes villes et considérablement augmenté la population urbaine

Het heeft enorme steden gecreëerd en de stedelijke bevolking enorm vergroot

Il a sauvé une partie considérable de la population de l'idiotie de la vie rurale

Het redde een aanzienlijk deel van de bevolking van de idiotie van het plattelandsleven

mais elle a rendu les ruraux dépendants des villes

Maar het heeft de mensen op het platteland afhankelijk gemaakt van de steden

et de même, elle a rendu les pays barbares dépendants des pays civilisés

En evenzo heeft het de barbaarse landen afhankelijk gemaakt van de beschaafde landen

nations paysannes sur nations bourgeoises, l'Orient sur Occident

naties van boeren op naties van bourgeoisie, het Oosten op het Westen

La bourgeoisie se débarrasse de plus en plus de l'éparpillement de la population

De bourgeoisie rekent steeds meer af met de versnipperde staat van de bevolking

Il a une production agglomérée et a concentré la propriété entre quelques mains

Het heeft een geagglomereerde productie en heeft eigendom geconcentreerd in een paar handen

La conséquence nécessaire de cela a été la centralisation politique

Het noodzakelijke gevolg hiervan was politieke centralisatie

Il y avait eu des nations indépendantes et des provinces vaguement reliées entre elles

Er waren onafhankelijke naties geweest en losjes met elkaar verbonden provincies

Ils avaient des intérêts, des lois, des gouvernements et des systèmes d'imposition distincts

Ze hadden afzonderlijke belangen, wetten, regeringen en belastingstelsels

Mais ils ont été regroupés en une seule nation, avec un seul gouvernement

Maar ze zijn op één hoop gegooid tot één natie, met één regering

Ils ont maintenant un intérêt de classe national, une frontière et un tarif douanier

Zij hebben nu één nationaal klassenbelang, één grens en één douanetarief

Et cet intérêt de classe national est unifié sous un seul code de loi

En dit nationale klassenbelang is verenigd onder één wetboek

la bourgeoisie a accompli beaucoup de choses au cours de son règne d'à peine cent ans

de bourgeoisie heeft veel bereikt tijdens haar heerschappij van nauwelijks honderd jaar

forces productives plus massives et plus colossales que toutes les générations précédentes réunies

massievere en kolossale productiekrachten dan alle voorgaande generaties samen

Les forces de la nature sont soumises à la volonté de l'homme et de ses machines

De krachten van de natuur zijn onderworpen aan de wil van de mens en zijn machinerie

La chimie s'applique à toutes les formes d'industrie et à tous les types d'agriculture

Chemie wordt toegepast op alle vormen van industrie en soorten landbouw

la navigation à vapeur, les chemins de fer, les télégraphes électriques et l'imprimerie

stoomvaart, spoorwegen, elektrische telegrafen en de
boekdrukkunst
**défrichement de continents entiers pour la culture,
canalisation des rivières**
ontginning van hele continenten voor bebouwing, kanalisatie
van rivieren
**Des populations entières ont été extirpées du sol et mises au
travail**
Hele bevolkingsgroepen zijn uit de grond getoverd en aan het
werk gezet
**Quel siècle précédent avait ne serait-ce qu'un pressentiment
de ce qui pourrait être déchaîné ?**
Welke vorige eeuw had zelfs maar een voorgevoel van wat er
ontketend zou kunnen worden?
**Qui aurait prédit que de telles forces productives
sommeillaient dans le giron du travail social ?**
Wie had voorspeld dat zulke productiekrachten in de schoot
van de maatschappelijke arbeid sluimerden?
**Nous voyons donc que les moyens de production et
d'échange ont été générés dans la société féodale**
We zien dus dat de productie- en ruilmiddelen in de feodale
maatschappij werden voortgebracht
**les moyens de production sur la base desquels la
bourgeoisie s'est construite**
de productiemiddelen, op wier fundament de bourgeoisie zich
bouwde
**À un certain stade du développement de ces moyens de
production et d'échange**
In een bepaald stadium van de ontwikkeling van deze
productie- en ruilmiddelen
**les conditions dans lesquelles la société féodale produisait et
échangeait**
de omstandigheden waaronder de feodale maatschappij
produceerde en ruilde
**L'organisation féodale de l'agriculture et de l'industrie
manufacturière**

De feodale organisatie van landbouw en verwerkende
industrie

**Les rapports féodaux de propriété n'étaient plus compatibles
avec les conditions matérielles**

De feodale eigendomsverhoudingen waren niet meer
verenigbaar met de materiële verhoudingen

Ils devaient être brisés, alors ils ont été brisés

Ze moesten worden opengebarsten, dus werden ze uit elkaar
gebarsten

**À leur place s'est ajoutée la libre concurrence des forces
productives**

Daarvoor in de plaats kwam de vrije concurrentie van de
productiekrachten

**et ils étaient accompagnés d'une constitution sociale et
politique adaptée à celle-ci**

en ze gingen vergezeld van een sociale en politieke grondwet
die daaraan was aangepast

**et elle s'accompagnait de l'emprise économique et politique
de la classe bourgeoise**

en het ging gepaard met de economische en politieke
heerschappij van de bourgeoisie

**Un mouvement similaire est en train de se produire sous nos
yeux**

Een soortgelijke beweging is voor onze eigen ogen gaande

**La société bourgeoise moderne avec ses rapports de
production, d'échange et de propriété**

De moderne burgerlijke maatschappij met haar productie-,
ruil- en eigendomsverhoudingen

**une société qui a inventé des moyens de production et
d'échange aussi gigantesques**

een samenleving die zulke gigantische productie- en
ruilmiddelen heeft tevoorschijn getoverd

**C'est comme le sorcier qui a invoqué les puissances de l'au-
delà**

Het is als de tovenaar die de krachten van de onderwereld
opriep

Mais il n'est plus capable de contrôler ce qu'il a mis au monde

Maar hij is niet langer in staat om te controleren wat hij in de wereld heeft gebracht

Pendant de nombreuses décennies, l'histoire a été liée par un fil conducteur

Gedurende vele decennia was de geschiedenis van het verleden met elkaar verbonden door een gemeenschappelijke draad

L'histoire de l'industrie et du commerce n'a été que l'histoire des révoltes

De geschiedenis van de industrie en de handel is slechts de geschiedenis van de opstanden geweest

Les révoltes des forces productives modernes contre les conditions modernes de production

De opstanden van de moderne productiekrachten tegen de moderne productieverhoudingen

Les révoltes des forces productives modernes contre les rapports de propriété

De opstanden van de moderne productiekrachten tegen de eigendomsverhoudingen

ces rapports de propriété sont les conditions de l'existence de la bourgeoisie

deze eigendomsverhoudingen zijn de voorwaarden voor het bestaan van de bourgeoisie

et l'existence de la bourgeoisie détermine les règles des rapports de propriété

en het bestaan van de bourgeoisie bepaalt de regels voor de eigendomsverhoudingen

Il suffit de mentionner le retour périodique des crises commerciales

Het is voldoende om de periodieke terugkeer van commerciële crises te vermelden

chaque crise commerciale est plus menaçante pour la société bourgeoise que la précédente

de ene commerciële crisis is bedreigender voor de bourgeoisie dan de vorige

Dans ces crises, une grande partie des produits existants sont détruits

In deze crises wordt een groot deel van de bestaande producten vernietigd

Mais ces crises détruisent aussi les forces productives créées précédemment

Maar deze crises vernietigen ook de eerder gecreëerde productiekrachten

Dans toutes les époques antérieures, ces épidémies auraient semblé une absurdité

In alle vroegere tijdperken zouden deze epidemieën een absurditeit hebben geleken

parce que ces épidémies sont les crises commerciales de la surproduction

Omdat deze epidemieën de commerciële crises van overproductie zijn

La société se trouve soudain remise dans un état de barbarie momentanée

De samenleving bevindt zich plotseling weer in een staat van kortstondige barbaarsheid

comme si une guerre universelle de dévastation avait coupé tous les moyens de subsistance

Alsof een universele verwoestingsoorlog alle middelen van bestaan had afgesneden

l'industrie et le commerce semblent avoir été détruits ; Et pourquoi ?

industrie en handel lijken te zijn vernietigd; En waarom?

Parce qu'il y a trop de civilisation et de moyens de subsistance

Omdat er te veel beschaving en bestaansmiddelen zijn

et parce qu'il y a trop d'industrie et trop de commerce

En omdat er te veel industrie is, en te veel commercie

Les forces productives à la disposition de la société ne développent plus la propriété bourgeoise

De productiekrachten die de maatschappij ter beschikking
staan, ontwikkelen niet langer het eigendom van de
bourgeoisie
**au contraire, ils sont devenus trop puissants pour ces
conditions, par lesquelles ils sont enchaînés**
Integendeel, ze zijn te machtig geworden voor deze
omstandigheden, waardoor ze worden geketend
**dès qu'ils surmontent ces entraves, ils mettent le désordre
dans toute la société bourgeoise**
zodra ze deze boeien overwinnen, brengen ze wanorde in de
hele burgerlijke maatschappij
**et les forces productives mettent en danger l'existence de la
propriété bourgeoise**
en de productiekrachten brengen het bestaan van de
bourgeoisie in gevaar
**Les conditions de la société bourgeoise sont trop étroites
pour englober les richesses qu'elles créent**
De voorwaarden van de burgerlijke maatschappij zijn te eng
om de door hen gecreëerde rijkdom te omvatten
Et comment la bourgeoisie surmonte-t-elle ces crises ?
En hoe komt de bourgeoisie over deze crises heen?
**D'une part, elle surmonte ces crises par la destruction forcée
d'une masse de forces productives**
Aan de ene kant overwint het deze crises door de gedwongen
vernietiging van een massa productiekrachten
**D'autre part, elle surmonte ces crises par la conquête de
nouveaux marchés**
Aan de andere kant overwint het deze crises door de
verovering van nieuwe markten
**et elle surmonte ces crises par l'exploitation plus poussée
des anciennes forces productives**
En het overwint deze crises door een grondiger exploitatie van
de oude productiekrachten
**C'est-à-dire en ouvrant la voie à des crises plus étendues et
plus destructrices**

Dat wil zeggen, door de weg vrij te maken voor uitgebreidere
en destructievere crises

**elle surmonte la crise en diminuant les moyens de
prévention des crises**

Het overwint de crisis door de middelen waarmee crises
worden voorkomen te verminderen

**Les armes avec lesquelles la bourgeoisie a abattu le
féodalisme sont maintenant retournées contre elle-même**

De wapens, waarmede de bourgeoisie het feodalisme ten
gronde heeft gedolven, keren zich nu tegen haar

**Mais non seulement la bourgeoisie a-t-elle forgé les armes
qui lui apportent la mort**

Maar niet alleen heeft de bourgeoisie de wapens gesmeed die
de dood over zichzelf brengen

**Il a également appelé à l'existence les hommes qui doivent
manier ces armes**

Het heeft ook de mannen in het leven geroepen die deze
wapens moeten hanteren

**Et ces hommes sont la classe ouvrière moderne ; Ce sont les
prolétaires**

En deze mannen zijn de moderne arbeidersklasse; Zij zijn de
proletariërs

**À mesure que la bourgeoisie se développe, le prolétariat se
développe dans la même proportion**

Naarmate de bourgeoisie zich ontwikkelt, ontwikkelt zich ook
het proletariaat

**La classe ouvrière moderne a développé une classe
d'ouvriers**

De moderne arbeidersklasse ontwikkelde een klasse van
arbeiders

**Cette classe d'ouvriers ne vit que tant qu'elle trouve du
travail**

Deze klasse van arbeiders leeft slechts zolang ze werk vinden

**et ils ne trouvent de travail qu'aussi longtemps que leur
travail augmente le capital**

En ze vinden alleen werk zolang hun arbeid het kapitaal verhoogt

Ces ouvriers, qui doivent se vendre à la pièce, sont une marchandise

Deze arbeiders, die zich stukje bij beetje moeten verkopen, zijn handelswaar

Ces ouvriers sont comme tous les autres articles de commerce

Deze arbeiders zijn net als elk ander handelsartikel

et, par conséquent, ils sont exposés à toutes les vicissitudes de la concurrence

en ze staan dus bloot aan alle wisselvalligheden van de concurrentie

Ils doivent faire face à toutes les fluctuations du marché

Ze moeten alle schommelingen van de markt doorstaan

En raison de l'utilisation intensive des machines et de la division du travail

Door het uitgebreide gebruik van machines en de arbeidsdeling

Le travail des prolétaires a perdu tout caractère individuel

Het werk van de proletariërs heeft elk individueel karakter verloren

et, par conséquent, le travail des prolétaires a perdu tout charme pour l'ouvrier

En dientengevolge heeft het werk van de proletariërs alle bekoring voor de arbeider verloren

Il devient un appendice de la machine, plutôt que l'homme qu'il était autrefois

Hij wordt een aanhangsel van de machine, in plaats van de man die hij ooit was

On n'exige de lui que l'habileté la plus simple, la plus monotone et la plus facile à acquérir

Alleen de meest eenvoudige, eentonige en gemakkelijkst te verwerven vaardigheid wordt van hem verlangd

Par conséquent, le coût de production d'un ouvrier est limité

Daarom zijn de productiekosten van een arbeider beperkt

elle se limite presque entièrement aux moyens de subsistance dont il a besoin pour son entretien

het is bijna volledig beperkt tot de middelen van bestaan die hij nodig heeft voor zijn levensonderhoud

et elle est limitée aux moyens de subsistance dont il a besoin pour la propagation de sa race

en het is beperkt tot de middelen van bestaan die hij nodig heeft voor de voortplanting van zijn ras

Mais le prix d'une marchandise, et par conséquent aussi du travail, est égal à son coût de production

Maar de prijs van een waar, en dus ook van arbeid, is gelijk aan haar productiekosten

C'est pourquoi, à mesure que le travail répugnant augmente, le salaire diminue

Naarmate de weerzinwekkendheid van het werk toeneemt, daalt dus het loon

Bien plus, le caractère répugnant de son travail augmente à un rythme encore plus grand

Ja, de weerzinwekkendheid van zijn werk neemt nog sneller toe

À mesure que l'utilisation des machines et la division du travail augmentent, le fardeau du labeur augmente également

Naarmate het gebruik van machines en de arbeidsdeling toeneemt, neemt ook de last van het zwoegen toe

La charge de travail est augmentée par la prolongation du temps de travail

De last van het zwoegen wordt verhoogd door verlenging van de werktijden

On attend plus de l'ouvrier dans le même temps qu'auparavant

Er wordt meer van de arbeider verwacht in dezelfde tijd als voorheen

Et bien sûr, le poids du labeur est augmenté par la vitesse de la machine

En natuurlijk wordt de last van het zwoegen verhoogd door
de snelheid van de machines

**L'industrie moderne a transformé le petit atelier du maître
patriarcal en la grande usine du capitaliste industriel**

De moderne industrie heeft de kleine werkplaats van de
patriarchale meester veranderd in de grote fabriek van de
industriële kapitalist

**Des masses d'ouvriers, entassés dans l'usine, s'organisent
comme des soldats**

Massa's arbeiders, opeengepakt in de fabriek, zijn
georganiseerd als soldaten

**En tant que simples soldats de l'armée industrielle, ils sont
placés sous le commandement d'une hiérarchie parfaite
d'officiers et de sergents**

Als soldaten van het industriële leger worden ze onder het
bevel geplaatst van een perfecte hiërarchie van officieren en
sergeanten

**ils ne sont pas seulement les esclaves de la classe bourgeoise
et de l'État**

zij zijn niet alleen de slaven van de bourgeoisieklasse en de
staat

**Mais ils sont aussi asservis quotidiennement et d'heure en
heure par la machine**

Maar ze worden ook dagelijks en elk uur tot slaaf gemaakt
door de machine

**ils sont asservis par le surveillant, et surtout par le fabricant
bourgeois lui-même**

zij worden tot slaaf gemaakt door de opzichter en vooral door
de individuele bourgeoisiefabrikant zelf

**Plus ce despotisme proclame ouvertement que le gain est sa
fin et son but, plus il est mesquin, plus haïssable et plus
aigri**

Hoe openlijker dit despotisme winst als doel en doel
verkondigt, hoe kleinzieliger, hoe hatelijker en verbitterender
het is

Plus l'industrie moderne se développe, moins les différences entre les sexes sont grandes

Hoe moderner de industrie zich ontwikkelt, des te kleiner zijn de verschillen tussen de seksen

Moins le travail manuel exige d'habileté et d'effort de force, plus le travail des hommes est supplanté par celui des femmes

Hoe minder de vaardigheid en de krachtsinspanning van handenarbeid zijn, des te meer wordt de arbeid van mannen vervangen door die van vrouwen

Les différences d'âge et de sexe n'ont plus de validité sociale distincte pour la classe ouvrière

Verschillen in leeftijd en geslacht hebben geen onderscheidende sociale geldigheid meer voor de arbeidersklasse

Tous sont des instruments de travail, plus ou moins coûteux à utiliser, selon leur âge et leur sexe

Het zijn allemaal arbeidswerktuigen, meer of minder duur in gebruik, afhankelijk van hun leeftijd en geslacht

dès que l'ouvrier reçoit son salaire en espèces, il est attaqué par les autres parties de la bourgeoisie

zodra de arbeider zijn loon in contanten ontvangt, dan wordt hij door de andere delen van de bourgeoisie in dienst genomen

le propriétaire, le commerçant, le prêteur sur gages, etc

de huisbaas, de winkelier, de pandjesbaas, enz

Les couches inférieures de la classe moyenne ; les petits commerçants et les commerçants

De onderste lagen van de middenklasse; de kleine ambachtslieden en winkeliers

les commerçants retraités en général, et les artisans et les paysans

de gepensioneerde handelaars in het algemeen, en de handwerkslieden en boeren

tout cela s'enfonce peu à peu dans le prolétariat

al deze dingen zinken geleidelijk weg in het proletariaat

en partie parce que leur petit capital ne suffit pas à l'échelle sur laquelle l'industrie moderne est exercée

deels omdat hun geringe kapitaal niet voldoende is voor de schaal waarop de moderne industrie wordt uitgeoefend

et parce qu'elle est submergée par la concurrence avec les grands capitalistes

en omdat het wordt overspoeld door de concurrentie met de grote kapitalisten

en partie parce que leur savoir-faire spécialisé est rendu sans valeur par les nouvelles méthodes de production

deels omdat hun gespecialiseerde vaardigheid waardeloos wordt door de nieuwe productiemethoden

Ainsi le prolétariat se recrute dans toutes les classes de la population

Het proletariaat wordt dus gerekruteerd uit alle klassen van de bevolking

Le prolétariat passe par différents stades de développement

Het proletariaat doorloopt verschillende stadia van ontwikkeling

Avec sa naissance commence sa lutte contre la bourgeoisie

Met zijn geboorte begint zijn strijd met de bourgeoisie

Dans un premier temps, la lutte est menée par des ouvriers individuels

In eerste instantie wordt de wedstrijd gevoerd door individuele arbeiders

Ensuite, le concours est mené par les ouvriers d'une usine

Vervolgens wordt de wedstrijd voortgezet door de arbeiders van een fabriek

Ensuite, la lutte est menée par les agents d'un métier, dans une localité

Vervolgens wordt de wedstrijd voortgezet door de arbeiders van één ambacht, in één plaats

et la lutte est alors contre la bourgeoisie individuelle qui les exploite directement

en de strijd is dan tegen de individuele bourgeoisie die ze rechtstreeks uitbuit

Ils ne dirigent pas leurs attaques contre les conditions de production de la bourgeoisie

Zij richten hun aanvallen niet op de productieverhoudingen van de bourgeoisie

mais ils dirigent leur attaque contre les instruments de production eux-mêmes

Maar ze richten hun aanval op de productiemiddelen zelf

Ils détruisent les marchandises importées qui font concurrence à leur main-d'œuvre

Ze vernietigen geïmporteerde waren die concurreren met hun arbeid

Ils brisent les machines et mettent le feu aux usines

Ze slaan machines aan stukken en ze steken fabrieken in brand

ils cherchent à restaurer par la force le statut disparu de l'ouvrier du Moyen Âge

ze proberen met geweld de verdwenen status van de arbeider uit de Middeleeuwen te herstellen

À ce stade, les ouvriers forment encore une masse incohérente dispersée dans tout le pays

In dit stadium vormen de arbeiders nog steeds een onsamenhangende massa, verspreid over het hele land

et ils sont brisés par leur concurrence mutuelle

En ze worden uiteengevallen door hun onderlinge concurrentie

S'ils s'unissent quelque part pour former des corps plus compacts, ce n'est pas encore la conséquence de leur propre union active

Als ze zich ergens verenigen om compactere lichamen te vormen, is dit nog niet het gevolg van hun eigen actieve vereniging

mais c'est une conséquence de l'union de la bourgeoisie, d'atteindre ses propres fins politiques

maar het is een gevolg van de vereniging van de bourgeoisie, om haar eigen politieke doelen te bereiken

la bourgeoisie est obligée de mettre en mouvement tout le prolétariat

de bourgeoisie is genoodzaakt het gehele proletariaat in beweging te zetten

et d'ailleurs, pour un temps, la bourgeoisie est capable de le faire

en bovendien kan de bourgeoisie dat voorlopig doen

À ce stade, les prolétaires ne combattent donc pas leurs ennemis

In dit stadium bestrijden de proletariërs hun vijanden dus niet

mais au lieu de cela, ils combattent les ennemis de leurs ennemis

Maar in plaats daarvan vechten ze tegen de vijanden van hun vijanden

La lutte contre les vestiges de la monarchie absolue et les propriétaires terriens

de strijd tegen de restanten van de absolute monarchie en de grootgrondbezitters

ils combattent la bourgeoisie non industrielle ; la petite bourgeoisie

ze bestrijden de niet-industriële bourgeoisie; de kleinburgerij

Ainsi tout le mouvement historique est concentré entre les mains de la bourgeoisie

Zo is de gehele historische beweging geconcentreerd in de handen van de bourgeoisie

chaque victoire ainsi obtenue est une victoire pour la bourgeoisie

elke aldus behaalde overwinning is een overwinning voor de bourgeoisie

Mais avec le développement de l'industrie, le prolétariat ne se contente pas d'augmenter en nombre

Maar met de ontwikkeling van de industrie neemt het proletariaat niet alleen in aantal toe

le prolétariat se concentre en masses plus grandes et sa force s'accroît

het proletariaat concentreert zich in grotere massa's en zijn kracht groeit

et le prolétariat ressent de plus en plus cette force

en het proletariaat voelt die kracht meer en meer

Les divers intérêts et conditions de vie dans les rangs du prolétariat sont de plus en plus égalisés

De verschillende belangen en levensomstandigheden binnen de gelederen van het proletariaat worden steeds meer op elkaar afgestemd

elles deviennent plus proportionnelles à mesure que les machines effacent toutes les distinctions de travail

Ze worden meer in verhouding naarmate de machinerie alle verschillen in arbeid uitwist

et les machines réduisent presque partout les salaires au même bas niveau

En machines verlagen bijna overal de lonen tot hetzelfde lage niveau

La concurrence croissante entre la bourgeoisie et les crises commerciales qui en résultent rendent les salaires des ouvriers de plus en plus fluctuants

De toenemende concurrentie tussen de bourgeoisie en de daaruit voortvloeiende commerciële crises doen de lonen van de arbeiders steeds meer fluctueren

L'amélioration incessante des machines, qui se développe de plus en plus rapidement, rend leurs moyens d'existence de plus en plus précaires

De onophoudelijke verbetering van de machines, die zich steeds sneller ontwikkelen, maakt hun levensonderhoud steeds onzekerder

les collisions entre les ouvriers individuels et la bourgeoisie individuelle prennent de plus en plus le caractère de collisions entre deux classes

de botsingen tussen individuele arbeiders en individuele bourgeoisie krijgen meer en meer het karakter van botsingen tussen twee klassen

Là-dessus, les ouvriers commencent à former des associations (syndicats) contre la bourgeoisie

Daarop beginnen de arbeiders zich te verenigen (vakbonden) tegen de bourgeoisie

Ils s'associent pour maintenir le taux des salaires

Ze slaan de handen ineen om de lonen op peil te houden

Ils fondèrent des associations permanentes afin de pourvoir à l'avance à ces révoltes occasionnelles

Zij richtten permanente verenigingen op om van tevoren voorzieningen te treffen voor deze incidentele opstanden

Ici et là, la lutte éclate en émeutes

Hier en daar ontaardt de wedstrijd in rellen

De temps en temps, les ouvriers sont victorieux, mais seulement pour un temps

Af en toe zegevieren de arbeiders, maar slechts voor een tijd

Le vrai fruit de leurs luttes n'est pas dans le résultat immédiat, mais dans l'union toujours plus grande des travailleurs

De werkelijke vrucht van hun strijd ligt niet in het onmiddellijke resultaat, maar in de steeds groter wordende vakbond van de arbeiders

Cette union est favorisée par les moyens de communication améliorés créés par l'industrie moderne

Deze unie wordt geholpen door de verbeterde communicatiemiddelen die door de moderne industrie zijn gecreëerd

La communication moderne met en contact les travailleurs de différentes localités les uns avec les autres

Moderne communicatie brengt de arbeiders van verschillende plaatsen met elkaar in contact

C'était précisément ce contact qui était nécessaire pour centraliser les nombreuses luttes locales en une lutte nationale entre les classes

Het was precies dit contact dat nodig was om de talrijke lokale strijd te centraliseren tot één nationale strijd tussen de klassen

Toutes ces luttes sont du même caractère, et toute lutte de classe est une lutte politique
Al deze strijden hebben hetzelfde karakter en elke klassenstrijd is een politieke strijd

les bourgeois du moyen âge, avec leurs misérables routes, mettaient des siècles à former leurs syndicats
de burgers van de Middeleeuwen, met hun ellendige snelwegen, hadden eeuwen nodig om hun vakbonden te vormen

Les prolétaires modernes, grâce aux chemins de fer, réalisent leurs syndicats en quelques années
De moderne proletariërs bereiken, dank zij de spoorwegen, binnen enkele jaren hun vakbonden

Cette organisation des prolétaires en classe les a donc formés en parti politique
Deze organisatie van de proletariërs tot een klasse vormde hen dus tot een politieke partij

La classe politique est continuellement bouleversée par la concurrence entre les travailleurs eux-mêmes
De politieke klasse wordt voortdurend opnieuw van streek gemaakt door de concurrentie tussen de arbeiders onderling

Mais la classe politique continue de se soulever, plus forte, plus ferme, plus puissante
Maar de politieke klasse blijft weer opstaan, sterker, steviger, machtiger

Elle oblige la législation à reconnaître les intérêts particuliers des travailleurs
Het dwingt de wetgever tot erkenning van de bijzondere belangen van de werknemers

il le fait en profitant des divisions au sein de la bourgeoisie elle-même
zij doet dit door gebruik te maken van de verdeeldheid onder de bourgeoisie zelf

C'est ainsi qu'en Angleterre fut promulguée la loi sur les dix heures
Zo werd de tienurenwet in Engeland in wet omgezet

à bien des égards, les collisions entre les classes de l'ancienne société sont en outre le cours du développement du prolétariat

in veel opzichten is de botsing tussen de klassen van de oude maatschappij verder de ontwikkelingskoers van het proletariaat

La bourgeoisie se trouve engagée dans une bataille de tous les instants

De bourgeoisie is verwikkeld in een voortdurende strijd

Dans un premier temps, il se trouvera impliqué dans une bataille constante avec l'aristocratie

In het begin zal het verwikkeld raken in een constante strijd met de aristocratie

plus tard, elle se trouvera engagée dans une lutte constante avec ces parties de la bourgeoisie elle-même

later zal zij verwikkeld raken in een voortdurende strijd met die delen van de bourgeoisie zelf

et leurs intérêts seront devenus antagonistes au progrès de l'industrie

en hun belangen zullen vijandig zijn geworden tegenover de vooruitgang van de industrie

à tout moment, leurs intérêts seront devenus antagonistes avec la bourgeoisie des pays étrangers

te allen tijde zullen hun belangen vijandig zijn geworden met de bourgeoisie van het buitenland

Dans toutes ces batailles, elle se voit obligée de faire appel au prolétariat et lui demande son aide

In al deze gevechten ziet zij zich genoodzaakt een beroep te doen op het proletariaat en vraagt haar om hulp

Et ainsi, il se sentira obligé de l'entraîner dans l'arène politique

En dus zal het zich gedwongen voelen om het in de politieke arena te slepen

C'est pourquoi la bourgeoisie elle-même fournit au prolétariat ses propres instruments d'éducation politique et générale

De bourgeoisie zelf verschaft het proletariaat dus haar eigen
instrumenten voor politieke en algemene opvoeding
**c'est-à-dire qu'il fournit au prolétariat des armes pour
combattre la bourgeoisie**
met andere woorden, het verschaft het proletariaat wapens
om de bourgeoisie te bestrijden
**De plus, comme nous l'avons déjà vu, des sections entières
des classes dominantes sont précipitées dans le prolétariat**
Verder worden, zoals we al zagen, hele delen van de
heersende klassen in het proletariaat gestort
le progrès de l'industrie les aspire dans le prolétariat
de opmars van de industrie zuigt hen in het proletariaat
**ou, du moins, ils sont menacés dans leurs conditions
d'existence**
Of ze worden in ieder geval bedreigd in hun
bestaansomstandigheden
**Ceux-ci fournissent également au prolétariat de nouveaux
éléments d'illumination et de progrès**
Deze voorzien het proletariaat ook van nieuwe elementen van
verlichting en vooruitgang
Enfin, à l'approche de l'heure décisive de la lutte des classes
Tenslotte, in tijden waarin de klassenstrijd het beslissende uur
nadert
**le processus de dissolution en cours au sein de la classe
dirigeante**
het proces van ontbinding dat gaande is binnen de heersende
klasse
**En fait, la dissolution en cours au sein de la classe dirigeante
se fera sentir dans toute la société**
In feite zal de ontbinding die binnen de heersende klasse aan
de gang is, voelbaar zijn in het hele bereik van de samenleving
**Il prendra un caractère si violent et si flagrant qu'une petite
partie de la classe dirigeante se laissera aller à la dérive**
Het zal zo'n gewelddadig, in het oog springend karakter
krijgen, dat een klein deel van de heersende klasse zich op
drift snijdt

et que la classe dirigeante rejoindra la classe révolutionnaire
En die heersende klasse zal zich aansluiten bij de
revolutionaire klasse
**La classe révolutionnaire étant la classe qui tient l'avenir
entre ses mains**
De revolutionaire klasse is de klasse die de toekomst in
handen heeft
**Comme à une époque antérieure, une partie de la noblesse
passa dans la bourgeoisie**
Net als in een vroegere periode ging een deel van de adel over
naar de bourgeoisie
**de la même manière qu'une partie de la bourgeoisie passera
au prolétariat**
op dezelfde manier zal een deel van de bourgeoisie overgaan
naar het proletariaat
**en particulier, une partie de la bourgeoisie passera à une
partie des idéologues de la bourgeoisie**
in het bijzonder zal een deel van de bourgeoisie overgaan naar
een deel van de bourgeoisie-ideologen
**Des idéologues bourgeois qui se sont élevés au niveau de la
compréhension théorique du mouvement historique dans
son ensemble**
Bourgeoisie-ideologen die zichzelf hebben verheven tot het
niveau van het theoretisch begrijpen van de historische
beweging als geheel
**De toutes les classes qui se trouvent aujourd'hui en face de
la bourgeoisie, seule le prolétariat est une classe vraiment
révolutionnaire**
Van alle klassen die vandaag de dag tegenover de bourgeoisie
staan, is alleen het proletariaat een werkelijk revolutionaire
klasse
**Les autres classes se dégradent et finissent par disparaître
devant l'industrie moderne**
De andere klassen vervallen en verdwijnen uiteindelijk in het
aangezicht van de moderne industrie
le prolétariat est son produit spécial et essentiel

het proletariaat is zijn bijzonder en essentieel product

La petite bourgeoisie, le petit industriel, le commerçant, l'artisan, le paysan

De lagere middenklasse, de kleine fabrikant, de winkelier, de ambachtsman, de boer

toutes ces luttes contre la bourgeoisie

al deze strijden tegen de bourgeoisie

Ils se battent en tant que fractions de la classe moyenne pour se sauver de l'extinction

Ze vechten als fracties van de middenklasse om zichzelf voor uitsterven te behoeden

Ils ne sont donc pas révolutionnaires, mais conservateurs

Ze zijn dus niet revolutionair, maar conservatief

Bien plus, ils sont réactionnaires, car ils essaient de faire reculer la roue de l'histoire

Sterker nog, ze zijn reactionair, want ze proberen het wiel van de geschiedenis terug te draaien

Si par hasard ils sont révolutionnaires, ils ne le sont qu'en vue de leur transfert imminent dans le prolétariat

Als ze toevallig revolutionair zijn, dan zijn ze dat alleen met het oog op hun op handen zijnde overgang naar het proletariaat

Ils défendent ainsi non pas leurs intérêts présents, mais leurs intérêts futurs

Zij verdedigen dus niet hun huidige, maar hun toekomstige belangen

ils désertent leur propre point de vue pour se placer à celui du prolétariat

zij verlaten hun eigen standpunt om zich te schikken naar dat van het proletariaat

La « classe dangereuse », la racaille sociale, cette masse en décomposition passive rejetée par les couches les plus basses de la vieille société

De 'gevaarlijke klasse', het sociale tuig, die passief rottende massa die door de onderste lagen van de oude samenleving is afgeworpen

Ils peuvent, ici et là, être entraînés dans le mouvement par une révolution prolétarienne

Ze kunnen hier en daar door een proletarische revolutie in de beweging worden meegesleurd

Ses conditions de vie, cependant, le préparent beaucoup plus au rôle d'instrument soudoyé de l'intrigue réactionnaire

Zijn levensomstandigheden bereiden hem echter veel meer voor op de rol van een omgekocht werktuig van reactionaire intriges

Dans les conditions du prolétariat, ceux de l'ancienne société dans son ensemble sont déjà virtuellement submergés

In de omstandigheden van het proletariaat zijn die van de oude maatschappij in het algemeen al praktisch overspoeld

Le prolétaire est sans propriété

De proletariër is zonder eigendom

ses rapports avec sa femme et ses enfants n'ont plus rien de commun avec les relations familiales de la bourgeoisie

zijn verhouding tot zijn vrouw en kinderen heeft niets meer gemeen met de familieverhoudingen van de bourgeoisie

le travail industriel moderne, la sujétion moderne au capital, la même en Angleterre qu'en France, en Amérique comme en Allemagne

moderne industriële arbeid, moderne onderwerping aan het kapitaal, in Engeland hetzelfde als in Frankrijk, in Amerika als in Duitsland

Sa condition dans la société l'a dépouillé de toute trace de caractère national

Zijn maatschappelijke toestand heeft hem ontdaan van elk spoor van nationaal karakter

La loi, la morale, la religion, sont pour lui autant de préjugés bourgeois

Recht, moraal, religie, zijn voor hem evenzovele vooroordelen van de bourgeoisie

et derrière ces préjugés se cachent en embuscade autant d'intérêts bourgeois

en achter deze vooroordelen schuilen in een hinderlaag, net
zoals veel belangen van de bourgeoisie

**Toutes les classes précédentes, qui ont pris le dessus, ont
cherché à fortifier leur statut déjà acquis**

Alle voorgaande klassen die de overhand kregen, probeerden
hun reeds verworven status te versterken

**Ils l'ont fait en soumettant la société dans son ensemble à
leurs conditions d'appropriation**

Ze deden dit door de samenleving als geheel te onderwerpen
aan hun toe-eigeningsvoorwaarden

**Les prolétaires ne peuvent pas devenir maîtres des forces
productives de la société**

De proletariërs kunnen geen meester worden van de
productiekrachten van de maatschappij

**elle ne peut le faire qu'en abolissant son propre mode
d'appropriation antérieur**

Zij kan dit alleen doen door haar eigen vroegere wijze van toe-
eigening af te schaffen

**et par là même elle abolit tout autre mode d'appropriation
antérieur**

en daarmee schaft het ook elke andere eerdere wijze van toe-
eigening af

Ils n'ont rien à eux pour s'assurer et se fortifier

Ze hebben niets van zichzelf om veilig te stellen en te
versterken

**Leur mission est de détruire toutes les sûretés antérieures et
les assurances de biens individuels**

Hun missie is het vernietigen van alle eerdere zekerheden
voor en verzekeringen van individuele eigendommen

**Tous les mouvements historiques antérieurs étaient des
mouvements de minorités**

Alle voorgaande historische bewegingen waren bewegingen
van minderheden

**ou bien il s'agissait de mouvements dans l'intérêt des
minorités**

Of het waren bewegingen in het belang van minderheden

Le mouvement prolétarien est le mouvement conscient et indépendant de l'immense majorité

De proletarische beweging is de zelfbewuste, onafhankelijke beweging van de overgrote meerderheid

Et c'est un mouvement dans l'intérêt de l'immense majorité

En het is een beweging in het belang van de overgrote meerderheid

Le prolétariat, couche la plus basse de notre société actuelle

Het proletariaat, de onderste laag van onze huidige samenleving

elle ne peut ni s'agiter ni s'élever sans que toutes les couches supérieures de la société officielle ne soient soulevées en l'air

Het kan zich niet verheffen of verheffen zonder dat de hele bovenliggende lagen van de officiële samenleving in de lucht worden gesprongen

Loin d'être dans le fond, mais dans la forme, la lutte du prolétariat contre la bourgeoisie est d'abord une lutte nationale

Hoewel niet in inhoud, maar toch in vorm, is de strijd van het proletariaat met de bourgeoisie in de eerste plaats een nationale strijd

Le prolétariat de chaque pays doit, bien entendu, régler d'abord ses affaires avec sa propre bourgeoisie

Het proletariaat van elk land moet natuurlijk in de eerste plaats de zaken met zijn eigen bourgeoisie regelen

En décrivant les phases les plus générales du développement du prolétariat, nous avons retracé la guerre civile plus ou moins voilée

Bij het beschrijven van de meest algemene fasen van de ontwikkeling van het proletariaat hebben we de min of meer verhulde burgeroorlog getraceerd

Ce civil fait rage au sein de la société existante

Deze burgerschap woedt binnen de bestaande samenleving

Elle fera rage jusqu'au point où cette guerre éclatera en révolution ouverte

Het zal woeden tot het punt waarop die oorlog uitbreekt in een openlijke revolutie

et alors le renversement violent de la bourgeoisie jette les bases de l'emprise du prolétariat

en dan legt de gewelddadige omverwerping van de bourgeoisie de basis voor de heerschappij van het proletariaat

Jusqu'à présent, toute forme de société a été fondée, comme nous l'avons déjà vu, sur l'antagonisme des classes oppressives et opprimées

Tot nu toe was elke maatschappijvorm, zoals we al zagen, gebaseerd op het antagonisme van onderdrukkende en onderdrukte klassen

Mais pour opprimer une classe, il faut lui assurer certaines conditions

Maar om een klasse te onderdrukken, moeten bepaalde voorwaarden aan haar worden verzekerd

La classe doit être maintenue dans des conditions dans lesquelles elle peut, au moins, continuer son existence servile

De klasse moet onder omstandigheden worden gehouden waarin zij ten minste haar slaafse bestaan kan voortzetten

Le serf, à l'époque du servage, s'élevait lui-même au rang d'adhérent à la commune

De lijfeigene verhief zich in de periode van de lijfeigenschap tot het lidmaatschap van de commune

de même que la petite bourgeoisie, sous le joug de l'absolutisme féodal, a réussi à se développer en bourgeoisie

net zoals de kleinburgerij, onder het juk van het feodale absolutisme, zich wist te ontwikkelen tot een bourgeoisie

L'ouvrier moderne, au contraire, au lieu de s'élever avec les progrès de l'industrie, s'enfonce de plus en plus profondément

In plaats van met de vooruitgang van de industrie op te klimmen, zinkt de moderne arbeider daarentegen dieper en dieper weg

il s'enfonce au-dessous des conditions d'existence de sa propre classe

Hij zakt weg onder de bestaansvoorwaarden van zijn eigen klasse

Il devient pauvre, et le paupérisme se développe plus rapidement que la population et la richesse

Hij wordt een pauper, en het pauperisme ontwikkelt zich sneller dan de bevolking en de rijkdom

Et c'est là qu'il devient évident que la bourgeoisie n'est plus apte à être la classe dominante dans la société

En hier wordt duidelijk, dat de bourgeoisie niet langer de heersende klasse in de maatschappij kan zijn

et elle n'est pas digne d'imposer ses conditions d'existence à la société comme une loi prépondérante

en het is ongeschikt om zijn bestaansvoorwaarden aan de samenleving op te leggen als een allesoverheersende wet

Il est inapte à gouverner parce qu'il est incompétent pour assurer une existence à son esclave dans son esclavage

Het is ongeschikt om te regeren omdat het onbekwaam is om zijn slaaf een bestaan in zijn slavernij te verzekeren

parce qu'il ne peut s'empêcher de le laisser sombrer dans un tel état, qu'il doit le nourrir, au lieu d'être nourri par lui

Omdat het niet anders kan dan hem in zo'n toestand te laten wegzinken, dat het hem moet voeden, in plaats van door hem gevoed te worden

La société ne peut plus vivre sous cette bourgeoisie

De maatschappij kan niet langer leven onder deze bourgeoisie

En d'autres termes, son existence n'est plus compatible avec la société

Met andere woorden, het bestaan ervan is niet langer verenigbaar met de samenleving

La condition essentielle de l'existence et de l'influence de la classe bourgeoise est la formation et l'accroissement du capital

De essentiële voorwaarde voor het bestaan en voor de heerschappij van de bourgeoisie is de vorming en uitbreiding van het kapitaal

La condition du capital, c'est le salariat-travail

De voorwaarde voor kapitaal is loonarbeid

Le travail salarié repose exclusivement sur la concurrence entre les travailleurs

Loonarbeid berust uitsluitend op concurrentie tussen de arbeiders

Le progrès de l'industrie, dont le promoteur involontaire est la bourgeoisie, remplace l'isolement des ouvriers

De vooruitgang van de industrie, waarvan de bourgeoisie de onvrijwillige bevorderaar is, vervangt het isolement van de arbeiders

en raison de la concurrence, en raison de leur combinaison révolutionnaire, en raison de l'association

door concurrentie, door hun revolutionaire combinatie, door associatie

Le développement de l'industrie moderne lui coupe sous les pieds les fondements mêmes sur lesquels la bourgeoisie produit et s'approprie les produits

De ontwikkeling van de moderne industrie snijdt onder haar voeten het fundament weg waarop de bourgeoisie producten produceert en zich toe-eigent

Ce que la bourgeoisie produit avant tout, ce sont ses propres fossoyeurs

Wat de bourgeoisie vooral voortbrengt, zijn haar eigen doodgravers

La chute de la bourgeoisie et la victoire du prolétariat sont également inévitables

De val van de bourgeoisie en de overwinning van het proletariaat zijn even onvermijdelijk

Prolétaires et communistes
Proletariërs en communisten

Quel est le rapport des communistes vis-à-vis de l'ensemble des prolétaires ?

In welke verhouding staan de communisten tot de proletariërs in hun geheel?

Les communistes ne forment pas un parti séparé opposé aux autres partis de la classe ouvrière

De communisten vormen geen aparte partij die zich verzet tegen andere arbeiderspartijen

Ils n'ont pas d'intérêts séparés de ceux du prolétariat dans son ensemble

Zij hebben geen belangen die los staan van die van het proletariaat in zijn geheel

Ils n'établissent pas de principes sectaires qui leur soient propres pour façonner et modeler le mouvement prolétarien

Ze stellen geen eigen sektarische principes op om de proletarische beweging vorm te geven en te kneden

Les communistes ne se distinguent des autres partis ouvriers que par deux choses

De communisten onderscheiden zich van de andere arbeiderspartijen slechts door twee dingen

Premièrement, ils signalent et mettent en avant les intérêts communs de l'ensemble du prolétariat, indépendamment de toute nationalité

In de eerste plaats wijzen zij op de gemeenschappelijke belangen van het gehele proletariaat, onafhankelijk van alle nationaliteiten, en brengen zij deze naar voren

C'est ce qu'ils font dans les luttes nationales des prolétaires des différents pays

Dit doen ze in de nationale strijd van de proletariërs van de verschillende landen

Deuxièmement, ils représentent toujours et partout les intérêts du mouvement dans son ensemble

Ten tweede vertegenwoordigen zij altijd en overal de belangen van de beweging als geheel

c'est ce qu'ils font dans les différents stades de développement par lesquels doit passer la lutte de la classe ouvrière contre la bourgeoisie

dit doen zij in de verschillende stadia van ontwikkeling, die de strijd van de arbeidersklasse tegen de bourgeoisie moet doormaken

Les communistes sont donc, d'une part, pratiquement, la section la plus avancée et la plus résolue des partis ouvriers de tous les pays

De communisten zijn dus aan de ene kant praktisch het meest vooruitstrevende en vastberaden deel van de arbeiderspartijen van elk land

Ils sont cette section de la classe ouvrière qui pousse en avant toutes les autres

Zij zijn dat deel van de arbeidersklasse dat alle anderen vooruit duwt

Théoriquement, ils ont aussi l'avantage de bien comprendre la ligne de marche

Theoretisch hebben ze ook het voordeel dat ze de marslijn duidelijk begrijpen

C'est ce qu'ils comprennent mieux par rapport à la grande masse du prolétariat

Dit begrijpen ze beter in vergelijking met de grote massa van het proletariaat

Ils comprennent les conditions et les résultats généraux ultimes du mouvement prolétarien

Zij begrijpen de voorwaarden en de uiteindelijke algemene resultaten van de proletarische beweging

Le but immédiat du Parti communiste est le même que celui de tous les autres partis prolétariens

Het onmiddellijke doel van de communist is hetzelfde als dat van alle andere proletarische partijen

Leur but est la formation du prolétariat en classe

Hun doel is de vorming van het proletariaat tot een klasse

ils visent à renverser la suprématie de la bourgeoisie

ze streven ernaar de suprematie van de bourgeoisie omver te werpen

la conquête du pouvoir politique par le prolétariat

het streven naar de verovering van de politieke macht door het proletariaat

Les conclusions théoriques des communistes ne sont nullement basées sur des idées ou des principes de réformateurs

De theoretische conclusies van de communisten zijn op geen enkele manier gebaseerd op ideeën of principes van hervormers

ce ne sont pas des prétendus réformateurs universels qui ont inventé ou découvert les conclusions théoriques des communistes

het waren geen zogenaamde universele hervormers die de theoretische conclusies van de communisten uitvonden of ontdekten

Ils ne font qu'exprimer, en termes généraux, des rapports réels qui naissent d'une lutte de classe existante

Zij drukken slechts in algemene termen de werkelijke verhoudingen uit die voortkomen uit een bestaande klassenstrijd

Et ils décrivent le mouvement historique qui se déroule sous nos yeux et qui a créé cette lutte des classes

En ze beschrijven de historische beweging die zich onder onze ogen afspeelt en die deze klassenstrijd heeft gecreëerd

L'abolition des rapports de propriété existants n'est pas du tout un trait distinctif du communisme

De afschaffing van de bestaande eigendomsverhoudingen is geenszins een onderscheidend kenmerk van het communisme

Dans le passé, toutes les relations de propriété ont été continuellement sujettes à des changements historiques

Alle eigendomsverhoudingen in het verleden zijn voortdurend onderhevig geweest aan historische veranderingen

et ces changements ont été consécutifs au changement des conditions historiques

En deze veranderingen waren het gevolg van de verandering in de historische omstandigheden

La Révolution française, par exemple, a aboli la propriété féodale au profit de la propriété bourgeoise

De Franse Revolutie, bijvoorbeeld, schafte het feodale eigendom af ten gunste van het bourgeoisie eigendom

Le trait distinctif du communisme n'est pas l'abolition de la propriété, en général

Het onderscheidende kenmerk van het communisme is niet de afschaffing van eigendom, in het algemeen

mais le trait distinctif du communisme, c'est l'abolition de la propriété bourgeoise

maar het onderscheidende kenmerk van het communisme is de afschaffing van het eigendom van de bourgeoisie

Mais la propriété privée de la bourgeoisie moderne est l'expression ultime et la plus complète du système de production et d'appropriation des produits

Maar de moderne bourgeoisie is de laatste en meest volledige uitdrukking van het systeem van productie en toe-eigening van producten

C'est l'état final d'un système basé sur les antagonismes de classe, où l'antagonisme de classe est l'exploitation du plus grand nombre par quelques-uns

Het is de eindtoestand van een systeem dat gebaseerd is op klassentegenstellingen, waarbij klassentegenstellingen de uitbuiting van velen door weinigen zijn

En ce sens, la théorie des communistes peut se résumer en une seule phrase ; l'abolition de la propriété privée

In die zin kan de theorie van de communisten in één zin worden samengevat; de afschaffing van privé-eigendom

On nous a reproché, à nous communistes, de vouloir abolir le droit d'acquérir personnellement des biens

Aan ons, communisten, is de wens verweten om het recht op het persoonlijk verwerven van eigendom af te schaffen

On prétend que cette propriété est le fruit du travail de l'homme

Er wordt beweerd dat deze eigenschap de vrucht is van de eigen arbeid van een man

et cette propriété est censée être le fondement de toute liberté, de toute activité et de toute indépendance individuelles.

En dit eigendom zou de basis zijn van alle persoonlijke vrijheid, activiteit en onafhankelijkheid.

« Propriété durement gagnée, auto-acquise, auto-gagnée ! »

"Zwaarbevochten, zelf verworven, zelfverdiend eigendom!"

Voulez-vous dire la propriété du petit artisan et du petit paysan ?

Bedoelt u het eigendom van de kleine handwerksman en van de kleine boer?

Voulez-vous parler d'une forme de propriété qui a précédé la forme bourgeoise ?

Bedoelt u een vorm van eigendom die voorafging aan de vorm van de bourgeoisie?

Il n'est pas nécessaire de l'abolir, le développement de l'industrie l'a déjà détruit dans une large mesure

Het is niet nodig om dat af te schaffen, de ontwikkeling van de industrie heeft het al voor een groot deel vernietigd

et le développement de l'industrie continue de la détruire chaque jour

En de ontwikkeling van de industrie vernietigt het nog dagelijks

Ou voulez-vous parler de la propriété privée de la bourgeoisie moderne ?

Of bedoelt u het privé-eigendom van de moderne bourgeoisie?

Mais le travail salarié crée-t-il une propriété pour l'ouvrier ?

Maar schept de loonarbeid enig eigendom voor de arbeider?

Non, le travail salarié ne crée pas une parcelle de ce genre de propriété !

Neen, loonarbeid schept niets van dit soort eigendommen!

Ce que le travail salarié crée, c'est du capital ; ce genre de propriété qui exploite le travail salarié

Wat loonarbeid creëert, is kapitaal; dat soort eigendom dat loonarbeid uitbuit

Le capital ne peut s'accroître qu'à la condition d'engendrer une nouvelle offre de travail salarié pour une nouvelle exploitation

Het kapitaal kan alleen toenemen op voorwaarde dat het een nieuw aanbod van loonarbeid voor nieuwe uitbuiting verwekt

La propriété, dans sa forme actuelle, est fondée sur l'antagonisme du capital et du salariat

Eigendom, in zijn huidige vorm, is gebaseerd op de tegenstelling tussen kapitaal en loonarbeid

Examinons les deux côtés de cet antagonisme

Laten we beide kanten van dit antagonisme onderzoeken

Être capitaliste, ce n'est pas seulement avoir un statut purement personnel

Kapitalist zijn betekent niet alleen een zuiver persoonlijke status hebben

Au contraire, être capitaliste, c'est aussi avoir un statut social dans la production

In plaats daarvan is kapitalist zijn ook het hebben van een sociale status in de productie

parce que le capital est un produit collectif ; Ce n'est que par l'action unie de nombreux membres qu'elle peut être mise en branle

omdat kapitaal een collectief product is; Alleen door de gezamenlijke actie van vele leden kan het in gang worden gezet

Mais cette action unie n'est qu'un dernier recours, et nécessite en fait tous les membres de la société

Maar deze gezamenlijke actie is een laatste redmiddel en vereist in feite alle leden van de samenleving

Le capital est converti en propriété de tous les membres de la société

Kapitaal wordt omgezet in het eigendom van alle leden van de samenleving

mais le Capital n'est donc pas une puissance personnelle ; c'est un pouvoir social

maar het kapitaal is dus geen persoonlijke macht; Het is een sociale macht

Ainsi, lorsque le capital est converti en propriété sociale, la propriété personnelle n'est pas pour autant transformée en propriété sociale

Wanneer kapitaal dus wordt omgezet in maatschappelijk eigendom, wordt persoonlijk eigendom daarmee niet omgezet in maatschappelijk eigendom

Ce n'est que le caractère social de la propriété qui est modifié et qui perd son caractère de classe

Het is alleen het sociale karakter van het eigendom dat wordt veranderd en zijn klassenkarakter verliest

Regardons maintenant le travail salarié

Laten we nu eens kijken naar loonarbeid

Le prix moyen du salariat est le salaire minimum, c'est-à-dire le quantum des moyens de subsistance

De gemiddelde prijs van de loonarbeid is het minimumloon, d.w.z. het bedrag van de bestaansmiddelen

Ce salaire est absolument nécessaire dans la simple existence d'un ouvrier

Dit loon is absoluut noodzakelijk voor het naakte bestaan als arbeider

Ce que le salarié s'approprie par son travail ne suffit donc qu'à prolonger et à reproduire une existence nue

Wat de loonarbeider zich dus door zijn arbeid toe-eigent, is slechts voldoende om een naakt bestaan te verlengen en te reproduceren

Nous n'avons nullement l'intention d'abolir cette appropriation personnelle des produits du travail

Wij zijn geenszins van plan deze persoonlijke toe-eigening van de producten van de arbeid af te schaffen

une appropriation qui est faite pour le maintien et la reproduction de la vie humaine

een toe-eigening die is gemaakt voor het onderhoud en de reproductie van het menselijk leven

Une telle appropriation personnelle des produits du travail ne laisse pas de surplus pour commander le travail d'autrui

Een dergelijke persoonlijke toe-eigening van de producten van de arbeid laat geen overschot over waarmee de arbeid van anderen kan worden opgeëist

Tout ce que nous voulons supprimer, c'est le caractère misérable de cette appropriation

Het enige wat we willen afschaffen is het ellendige karakter van deze toe-eigening

l'appropriation dont vit l'ouvrier dans le seul but d'augmenter son capital

de toe-eigening waarvan de arbeider leeft, alleen maar om het kapitaal te vermeerderen

Il n'est autorisé à vivre que dans la mesure où l'intérêt de la classe dominante l'exige

Hij mag alleen leven voor zover het belang van de heersende klasse dit vereist

Dans la société bourgeoise, le travail vivant n'est qu'un moyen d'augmenter le travail accumulé

In de bourgeoisiemaatschappij is levende arbeid slechts een middel om de geaccumuleerde arbeid te vergroten

Dans la société communiste, le travail accumulé n'est qu'un moyen d'élargir, d'enrichir, de promouvoir l'existence de l'ouvrier

In de communistische maatschappij is de geaccumuleerde arbeid slechts een middel om het bestaan van de arbeider te verbreden, te verrijken en te bevorderen

C'est pourquoi, dans la société bourgeoise, le passé domine le présent

In de bourgeoisiemaatschappij domineert het verleden dus het heden

dans la société communiste, le présent domine le passé

in de communistische samenleving domineert het heden het verleden

Dans la société bourgeoise, le capital est indépendant et a une individualité

In de bourgeoisie is het kapitaal onafhankelijk en heeft het individualiteit

Dans la société bourgeoise, la personne vivante est dépendante et n'a pas d'individualité

In de bourgeoisiemaatschappij is de levende mens afhankelijk en heeft hij geen individualiteit

Et l'abolition de cet état de choses est appelée par la bourgeoisie l'abolition de l'individualité et de la liberté !

En de afschaffing van deze stand van zaken wordt door de bourgeoisie de afschaffing van individualiteit en vrijheid genoemd!

Et c'est à juste titre qu'on l'appelle l'abolition de l'individualité et de la liberté !

En het wordt terecht de afschaffing van individualiteit en vrijheid genoemd!

Le communisme vise à l'abolition de l'individualité bourgeoise

Het communisme streeft naar de afschaffing van de individualiteit van de bourgeoisie

Le communisme veut l'abolition de l'indépendance de la bourgeoisie

Het communisme streeft naar de afschaffing van de onafhankelijkheid van de bourgeoisie

La liberté de la bourgeoisie est sans aucun doute ce que vise le communisme

De vrijheid van de bourgeoisie is ongetwijfeld waar het communisme naar streeft

dans les conditions actuelles de production de la bourgeoisie, la liberté signifie le libre-échange, la liberté de vendre et d'acheter

Onder de huidige burgerlijke productieverhoudingen betekent vrijheid vrije handel, vrije verkoop en koop

Mais si la vente et l'achat disparaissent, la vente et l'achat gratuits disparaissent également

Maar als verkopen en kopen verdwijnt, verdwijnt ook het vrije verkopen en kopen

Les « paroles courageuses » de la bourgeoisie sur la vente et l'achat libres n'ont qu'un sens limité

"moedige woorden" van de bourgeoisie over vrij verkopen en kopen hebben slechts in beperkte zin betekenis

Ces mots n'ont de sens que par opposition à la vente et à l'achat restreints

Deze woorden hebben alleen betekenis in tegenstelling tot beperkt verkopen en kopen

et ces mots n'ont de sens que lorsqu'ils s'appliquent aux marchands enchaînés du moyen âge

en deze woorden hebben alleen betekenis wanneer ze worden toegepast op de geketende handelaren van de Middeleeuwen

et cela suppose que ces mots aient même un sens dans un sens bourgeois

en dat veronderstelt dat deze woorden zelfs betekenis hebben in de zin van de bourgeoisie

mais ces mots n'ont aucun sens lorsqu'ils sont utilisés pour s'opposer à l'abolition communiste de l'achat et de la vente

maar deze woorden hebben geen betekenis als ze worden gebruikt om zich te verzetten tegen de communistische afschaffing van kopen en verkopen

les mots n'ont pas de sens lorsqu'ils sont utilisés pour s'opposer à l'abolition des conditions de production de la bourgeoisie

de woorden hebben geen betekenis als ze worden gebruikt om zich te verzetten tegen de afschaffing van de productievoorwaarden van de bourgeoisie

et ils n'ont aucun sens lorsqu'ils sont utilisés pour s'opposer à l'abolition de la bourgeoisie elle-même

en ze hebben geen betekenis als ze worden gebruikt om zich te verzetten tegen de afschaffing van de bourgeoisie zelf

Vous êtes horrifiés par notre intention d'en finir avec la propriété privée

U bent geschokt door ons voornemen om privé-eigendom af te schaffen

Mais dans votre société actuelle, la propriété privée est déjà abolie pour les neuf dixièmes de la population

Maar in uw huidige samenleving is privé-eigendom al afgeschaft voor negen tiende van de bevolking

L'existence d'une propriété privée pour quelques-uns est uniquement due à sa non-existence entre les mains des neuf dixièmes de la population

Het bestaan van privé-eigendom voor enkelen is uitsluitend te wijten aan het feit dat het niet bestaat in de handen van negen tiende van de bevolking

Vous nous reprochez donc d'avoir l'intention de supprimer une forme de propriété

U verwijt ons dus dat wij van plan zijn een vorm van eigendom af te schaffen

Mais la propriété privée nécessite l'inexistence de toute propriété pour l'immense majorité de la société

Maar privé-eigendom vereist het niet-bestaan van enig eigendom voor de overgrote meerderheid van de samenleving

En un mot, vous nous reprochez d'avoir l'intention de vous débarrasser de vos biens

In één woord, u verwijt ons dat wij van plan zijn uw eigendom af te schaffen

Et c'est précisément le cas ; se débarrasser de votre propriété est exactement ce que nous avons l'intention de faire

En het is precies zo; het afschaffen van uw eigendom is precies wat we van plan zijn

À partir du moment où le travail ne peut plus être converti en capital, en argent ou en rente

Vanaf het moment dat arbeid niet meer kan worden omgezet in kapitaal, geld of rente

quand le travail ne peut plus être converti en un pouvoir social monopolisé

wanneer arbeid niet langer kan worden omgezet in een sociale
macht die kan worden gemonopoliseerd

**à partir du moment où la propriété individuelle ne peut plus
être transformée en propriété bourgeoise**

vanaf het moment dat individueel eigendom niet langer kan
worden omgezet in burgerlijk eigendom

**à partir du moment où la propriété individuelle ne peut plus
être transformée en capital**

vanaf het moment dat individueel eigendom niet meer in
kapitaal kan worden omgezet

**À partir de ce moment-là, vous dites que l'individualité
s'évanouit**

Vanaf dat moment zeg je dat individualiteit verdwijnt

**Vous devez donc avouer que par « individu » vous
n'entendez personne d'autre que la bourgeoisie**

U moet dus toegeven dat u met 'individu' niemand anders
bedoelt dan de bourgeoisie

**Vous devez avouer qu'il s'agit spécifiquement du
propriétaire de la classe moyenne**

Je moet toegeven dat het specifiek verwijst naar de eigenaar
van onroerend goed uit de middenklasse

**Cette personne doit, en effet, être balayée et rendue
impossible**

Deze persoon moet inderdaad uit de weg worden geruimd en
onmogelijk worden gemaakt

**Le communisme ne prive personne du pouvoir de
s'approprier les produits de la société**

Het communisme berooft niemand van de macht om zich de
producten van de maatschappij toe te eigenen

**tout ce que fait le communisme, c'est de le priver du pouvoir
de subjuguer le travail d'autrui au moyen d'une telle
appropriation**

Het enige wat het communisme doet, is hem de macht
ontnemen om door middel van een dergelijke toe-eigening de
arbeid van anderen te onderwerpen

On a objecté qu'avec l'abolition de la propriété privée, tout
travail cesserait
Er is tegengeworpen dat bij de afschaffing van het privé-
eigendom alle werk zal ophouden
et il est alors suggéré que la paresse universelle nous
rattrapera
En dan wordt gesuggereerd dat universele luiheid ons zal
overvallen
D'après cela, il y a longtemps que la société bourgeoise
aurait dû aller aux chiens par pure oisiveté
Volgens deze theorie had de bourgeoisie al lang geleden uit
pure ledigheid naar de kloten moeten gaan
parce que ceux de ses membres qui travaillent, n'acquièrent
rien
want degenen van haar leden die werken, verwerven niets
et ceux de ses membres qui acquièrent quoi que ce soit, ne
travaillent pas
En degenen van haar leden die iets verwerven, werken niet
L'ensemble de cette objection n'est qu'une autre expression
de la tautologie
Het geheel van deze tegenwerping is slechts een andere
uitdrukking van de tautologie
Il ne peut plus y avoir de travail salarié quand il n'y a plus
de capital
Er kan geen loonarbeid meer zijn als er geen kapitaal meer is
Il n'y a pas de différence entre les produits matériels et les
produits mentaux
Er is geen verschil tussen materiële producten en mentale
producten
Le communisme propose que les deux soient produits de la
même manière
Het communisme stelt voor dat beide op dezelfde manier
worden geproduceerd
mais les objections contre les modes communistes de
production sont les mêmes

maar de bezwaren tegen de communistische
productiemethoden zijn dezelfde

**pour la bourgeoisie, la disparition de la propriété de classe
est la disparition de la production elle-même**

voor de bourgeoisie is het verdwijnen van het
klasseneigendom het verdwijnen van de productie zelf

**Ainsi, la disparition de la culture de classe est pour lui
identique à la disparition de toute culture**

Het verdwijnen van de klassencultuur is voor hem dus
identiek met het verdwijnen van alle cultuur

**Cette culture, dont il déplore la perte, n'est pour l'immense
majorité qu'un simple entraînement à agir comme une
machine**

Die cultuur, waarvan hij het verlies betreurt, is voor de
overgrote meerderheid niet meer dan een training om als
machine te fungeren

**Les communistes ont bien l'intention d'abolir la culture de
la propriété bourgeoise**

Communisten zijn heel erg van plan om de cultuur van het
bourgeoisie-eigendom af te schaffen

**Mais ne vous querellez pas avec nous tant que vous
appliquez les normes de vos notions bourgeoises de liberté,
de culture, de droit, etc**

Maar maak geen ruzie met ons zolang je de standaard van je
bourgeoisie noties van vrijheid, cultuur, recht, enz. toepast

**Vos idées mêmes ne sont que le résultat des conditions de
votre production bourgeoise et de la propriété bourgeoise**

Uw ideeën zelf zijn slechts het uitvloeisel van de
verhoudingen van uw bourgeoisieproductie en bourgeoisie-
eigendom

**de même que votre jurisprudence n'est que la volonté de
votre classe érigée en loi pour tous**

net zoals uw jurisprudentie slechts de wil van uw klasse is die
tot een wet voor allen is gemaakt

Le caractère essentiel et l'orientation de cette volonté sont déterminés par les conditions économiques créées par votre classe sociale

Het wezenlijke karakter en de richting van deze wil worden bepaald door de economische omstandigheden die uw sociale klasse schept

L'idée fausse égoïste qui vous pousse à transformer les formes sociales en lois éternelles de la nature et de la raison

De egoïstische misvatting die je ertoe aanzet om sociale vormen om te vormen tot eeuwige wetten van de natuur en van de rede

les formes sociales qui découlent de votre mode de production et de votre forme de propriété actuels

de maatschappelijke vormen die voortkomen uit uw huidige productiewijze en vorm van eigendom

des rapports historiques qui naissent et disparaissent dans le progrès de la production

Historische verhoudingen die stijgen en verdwijnen in de voortgang van de productie

cette idée fausse que vous partagez avec toutes les classes dirigeantes qui vous ont précédés

Deze misvatting deel je met elke heersende klasse die je is voorgegaan

Ce que vous voyez clairement dans le cas de la propriété ancienne, ce que vous admettez dans le cas de la propriété féodale

Wat je duidelijk ziet in het geval van oud eigendom, wat je toegeeft in het geval van feodaal eigendom

ces choses, il vous est bien entendu interdit de les admettre dans le cas de votre propre forme de propriété bourgeoise

deze dingen is het u natuurlijk verboden toe te geven in het geval van uw eigen bourgeoisie vorm van eigendom

Abolition de la famille ! Même les plus radicaux s'enflamment devant cette infâme proposition des communistes

Afschaffing van het gezin! Zelfs de meest radicale opflakkeringen bij dit schandelijke voorstel van de communisten

Sur quelle base se fonde la famille actuelle, la famille bourgeoise ?
Op welk fundament is de huidige familie, de familie Bourgeoisie, gebaseerd?

La fondation de la famille actuelle est basée sur le capital et le gain privé
De stichting van het huidige gezin is gebaseerd op kapitaal en eigen gewin

Sous sa forme complètement développée, cette famille n'existe que dans la bourgeoisie
In haar volledig ontwikkelde vorm bestaat deze familie alleen onder de bourgeoisie

Cet état de choses trouve son complément dans l'absence pratique de la famille chez les prolétaires
Deze stand van zaken vindt haar aanvulling in de praktische afwezigheid van het gezin bij de proletariërs

Cet état de choses se retrouve dans la prostitution publique
Deze stand van zaken is terug te vinden in de openbare prostitutie

La famille bourgeoise disparaîtra d'office quand son effectif disparaîtra
De bourgeoisiefamilie zal als vanzelfsprekend verdwijnen wanneer haar aanvulling verdwijnt

et l'une et l'autre s'évanouiront avec la disparition du capital
En beide zullen verdwijnen met het verdwijnen van het kapitaal

Nous accusez-vous de vouloir mettre fin à l'exploitation des enfants par leurs parents ?
Beschuldigt u ons ervan dat we een einde willen maken aan de uitbuiting van kinderen door hun ouders?

Nous plaidons coupables de ce crime
Voor deze misdaad pleiten wij schuldig

Mais, direz-vous, on détruit les relations les plus sacrées, quand on remplace l'éducation à domicile par l'éducation sociale

Maar, zult u zeggen, wij vernietigen de meest geheiligde verhoudingen, wanneer wij het huiselijk onderwijs vervangen door sociale opvoeding

Votre éducation n'est-elle pas aussi sociale ? Et n'est-elle pas déterminée par les conditions sociales dans lesquelles vous éduquez ?

Is jouw opleiding niet ook sociaal? En wordt het niet bepaald door de sociale omstandigheden waaronder je opvoedt?

par l'intervention, directe ou indirecte, de la société, par le biais de l'école, etc.

door de interventie, direct of indirect, van de samenleving, door middel van scholen, enz.

Les communistes n'ont pas inventé l'intervention de la société dans l'éducation

De communisten hebben de interventie van de samenleving in het onderwijs niet uitgevonden

ils ne cherchent qu'à modifier le caractère de cette intervention

ze proberen alleen het karakter van die interventie te veranderen

et ils cherchent à sauver l'éducation de l'influence de la classe dirigeante

En ze proberen het onderwijs te redden van de invloed van de heersende klasse

La bourgeoisie parle de la relation sacrée du parent et de l'enfant

De bourgeoisie spreekt over de geheiligde co-relatie van ouder en kind

mais ce baratin sur la famille et l'éducation devient d'autant plus répugnant quand on regarde l'industrie moderne

maar deze onzin over het gezin en de opvoeding wordt des te walgelijker als we naar de moderne industrie kijken

Tous les liens familiaux entre les prolétaires sont déchirés par l'industrie moderne

Alle familiebanden onder de proletariërs worden verscheurd door de moderne industrie

Leurs enfants sont transformés en simples objets de commerce et en instruments de travail

Hun kinderen worden omgevormd tot eenvoudige handelsartikelen en arbeidsmiddelen

Mais vous, communistes, vous créeriez une communauté de femmes, crie en chœur toute la bourgeoisie

Maar jullie communisten zouden een gemeenschap van vrouwen willen creëren, schreeuwt de hele bourgeoisie in koor

La bourgeoisie ne voit en sa femme qu'un instrument de production

De bourgeoisie ziet in zijn vrouw slechts een productiemiddel

Il entend dire que les instruments de production doivent être exploités par tous

Hij hoort dat de productie-instrumenten door iedereen moeten worden geëxploiteerd

et, naturellement, il ne peut arriver à aucune autre conclusion que celle d'être commun à tous retombera également sur les femmes

En natuurlijk kan hij tot geen andere conclusie komen dan dat het lot van het gemeenschappelijk zijn voor allen ook aan vrouwen zal toevallen

Il ne soupçonne même pas qu'il s'agit en fait d'en finir avec le statut de la femme en tant que simple instrument de production

Hij heeft zelfs geen vermoeden dat het er werkelijk om gaat de status van vrouwen als louter productie-instrumenten af te schaffen

Du reste, rien n'est plus ridicule que l'indignation vertueuse de notre bourgeoisie contre la communauté des femmes

Voor het overige is niets belachelijker dan de deugdzame verontwaardiging van onze bourgeoisie over de gemeenschap van vrouwen

ils prétendent qu'elle doit être établie ouvertement et officiellement par les communistes

ze beweren dat het openlijk en officieel door de communisten moet worden ingesteld

Les communistes n'ont pas besoin d'introduire la communauté des femmes, elle existe depuis des temps immémoriaux

De communisten hebben geen behoefte om een gemeenschap van vrouwen in te voeren, deze bestaat al bijna sinds onheuglijke tijden

Notre bourgeoisie ne se contente pas d'avoir à sa disposition les femmes et les filles de ses prolétaires

Onze bourgeoisie is niet tevreden met het ter beschikking hebben van de vrouwen en dochters van haar proletariërs

Ils prennent le plus grand plaisir à séduire les femmes de l'autre

Ze hebben er het grootste plezier in om elkaars vrouwen te verleiden

Et cela ne parle même pas des prostituées ordinaires

En dan hebben we het nog niet eens over gewone prostituees

Le mariage bourgeois est en réalité un système d'épouses en commun

Het bourgeoisiehuwelijk is in werkelijkheid een systeem van gemeenschappelijke echtgenotes

puis il y a une chose qu'on pourrait peut-être reprocher aux communistes

dan is er één ding dat de communisten mogelijk zou kunnen worden verweten

Ils souhaitent introduire une communauté de femmes ouvertement légalisée

Ze willen een openlijk gelegaliseerde gemeenschap van vrouwen introduceren

plutôt qu'une communauté de femmes hypocritement dissimulée

in plaats van een hypocriet verborgen gemeenschap van vrouwen

la communauté des femmes issues du système de production

De gemeenschap van vrouwen die voortkomt uit het productiesysteem

Abolissez le système de production, et vous abolissez la communauté des femmes

Schaf het productiesysteem af, en je schaft de gemeenschap van vrouwen af

La prostitution publique est abolie et la prostitution privée

Zowel openbare prostitutie wordt afgeschaft, als particuliere prostitutie

On reproche en outre aux communistes de vouloir abolir les pays et les nationalités

De communisten wordt nog meer verweten dat zij landen en nationaliteiten willen afschaffen

Les travailleurs n'ont pas de patrie, nous ne pouvons donc pas leur prendre ce qu'ils n'ont pas

De arbeiders hebben geen vaderland, dus kunnen wij hen niet afnemen wat zij niet hebben

Le prolétariat doit d'abord acquérir la suprématie politique

Het proletariaat moet in de eerste plaats de politieke suprematie verwerven

Le prolétariat doit s'élever pour être la classe dirigeante de la nation

Het proletariaat moet zich verheffen tot de leidende klasse van de natie

Le prolétariat doit se constituer en nation

Het proletariaat moet zichzelf de natie vormen

elle est, jusqu'à présent, elle-même nationale, mais pas dans le sens bourgeois du mot

het is tot nu toe zelf nationaal, hoewel niet in de burgerlijke zin van het woord

Les différences nationales et les antagonismes entre les peuples s'estompent chaque jour davantage

Nationale verschillen en tegenstellingen tussen volkeren verdwijnen met de dag meer en meer

grâce au développement de la bourgeoisie, à la liberté du commerce, au marché mondial

door de ontwikkeling van de bourgeoisie, de vrijheid van handel, de wereldmarkt

à l'uniformité du mode de production et des conditions de vie qui y correspondent

tot uniformiteit in de productiewijze en in de daarmee overeenstemmende levensvoorwaarden

La suprématie du prolétariat les fera disparaître encore plus vite

De suprematie van het proletariaat zal hen nog sneller doen verdwijnen

L'action unie, du moins dans les principaux pays civilisés, est une des premières conditions de l'émancipation du prolétariat

Eensgezindheid, althans van de leidende beschaafde landen, is een van de eerste voorwaarden voor de emancipatie van het proletariaat

Dans la mesure où l'exploitation d'un individu par un autre prendra fin, l'exploitation d'une nation par une autre prendra également fin à

Naarmate er een einde komt aan de uitbuiting van het ene individu door het andere, zal er ook een einde komen aan de uitbuiting van de ene natie door de andere

À mesure que l'antagonisme entre les classes à l'intérieur de la nation disparaîtra, l'hostilité d'une nation envers une autre prendra fin

Naarmate de tegenstelling tussen de klassen binnen de natie verdwijnt, zal er een einde komen aan de vijandigheid van de ene natie tegenover de andere

Les accusations portées contre le communisme d'un point de vue religieux, philosophique et, en général, idéologique, ne méritent pas d'être examinées sérieusement

De beschuldigingen tegen het communisme, die vanuit een religieus, een filosofisch en, in het algemeen, vanuit een ideologisch standpunt worden geuit, verdienen geen serieus onderzoek

Faut-il une intuition profonde pour comprendre que les idées, les vues et les conceptions de l'homme changent à chaque changement dans les conditions de son existence matérielle ?

Is er een diepe intuïtie voor nodig om te begrijpen dat de ideeën, opvattingen en opvattingen van de mens veranderen bij elke verandering in de omstandigheden van zijn materiële bestaan?

N'est-il pas évident que la conscience de l'homme change lorsque ses relations sociales et sa vie sociale changent ?

Is het niet duidelijk dat het bewustzijn van de mens verandert wanneer zijn sociale relaties en zijn sociale leven veranderen?

Qu'est-ce que l'histoire des idées prouve d'autre, sinon que la production intellectuelle change de caractère à mesure que la production matérielle se modifie ?

Wat bewijst de geschiedenis van de ideeën anders dan dat de intellectuele productie van karakter verandert naarmate de materiële productie verandert?

Les idées dominantes de chaque époque ont toujours été les idées de sa classe dirigeante

De heersende ideeën van elk tijdperk zijn altijd de ideeën van de heersende klasse geweest

Quand on parle d'idées qui révolutionnent la société, on n'exprime qu'un seul fait

Wanneer mensen spreken over ideeën die een revolutie teweegbrengen in de samenleving, drukken ze slechts één feit uit

Au sein de l'ancienne société, les éléments d'une nouvelle société ont été créés

Binnen de oude samenleving zijn de elementen van een nieuwe gecreëerd

et que la dissolution des vieilles idées va de pair avec la dissolution des anciennes conditions d'existence

en dat de ontbinding van de oude ideeën gelijke tred houdt met de ontbinding van de oude bestaansvoorwaarden

Lorsque le monde antique était dans ses dernières affresses, les anciennes religions ont été vaincues par le christianisme

Toen de oude wereld in haar laatste stuiptrekkingen was, werden de oude religies overwonnen door het christendom

Lorsque les idées chrétiennes ont succombé au XVIIIe siècle aux idées rationalistes, la société féodale a mené une bataille à mort contre la bourgeoisie alors révolutionnaire

Toen het christelijke gedachtegoed in de 18e eeuw ten prooi viel aan rationalistische ideeën, voerde de feodale maatschappij haar doodsstrijd met de toen revolutionaire bourgeoisie

Les idées de liberté religieuse et de liberté de conscience n'ont fait qu'exprimer l'emprise de la libre concurrence dans le domaine de la connaissance

De ideeën van godsdienstvrijheid en gewetensvrijheid gaven slechts uitdrukking aan de heerschappij van de vrije concurrentie op het gebied van de kennis

« Sans doute, dira-t-on, les idées religieuses, morales, philosophiques et juridiques ont été modifiées au cours du développement historique »

'Ongetwijfeld', zal men zeggen, 'zijn de religieuze, morele, filosofische en juridische ideeën in de loop van de historische ontwikkeling gewijzigd'

Mais la religion, la morale, la philosophie, la science politique et le droit ont constamment survécu à ce changement.

"Maar religie, moraliteit, filosofie, politieke wetenschappen en rechten overleefden deze verandering voortdurend"

« Il y a aussi des vérités éternelles, telles que la Liberté, la Justice, etc. »

"Er zijn ook eeuwige waarheden, zoals Vrijheid, Rechtvaardigheid, enz."

« Ces vérités éternelles sont communes à tous les états de la société »

'Deze eeuwige waarheden zijn gemeenschappelijk voor alle staten van de samenleving'

« Mais le communisme abolit les vérités éternelles, il abolit toute religion et toute morale »

"Maar het communisme schaft eeuwige waarheden af, het schaft alle religie en alle moraliteit af"

« il fait cela au lieu de les constituer sur une nouvelle base »

"Het doet dit in plaats van ze op een nieuwe basis samen te stellen"

« Elle agit donc en contradiction avec toute l'expérience historique passée »

"Het handelt daarom in tegenspraak met alle historische ervaringen uit het verleden"

À quoi se réduit cette accusation ?

Waar herleidt deze beschuldiging zich tot?

L'histoire de toute la société passée a consisté dans le développement d'antagonismes de classe

De geschiedenis van alle vroegere samenlevingen heeft bestaan uit de ontwikkeling van klassentegenstellingen

antagonismes qui ont pris des formes différentes selon les époques

Tegenstellingen die in verschillende tijdperken verschillende vormen aannamen

Mais quelle que soit la forme qu'ils aient prise, un fait est commun à tous les âges passés

Maar welke vorm ze ook hebben aangenomen, één feit hebben alle voorbije eeuwen gemeen

l'exploitation d'une partie de la société par l'autre

de uitbuiting van het ene deel van de samenleving door het andere

Il n'est donc pas étonnant que la conscience sociale des âges passés se meuve à l'intérieur de certaines formes communes ou d'idées générales

Het is dan ook niet verwonderlijk dat het sociale bewustzijn van voorbije eeuwen zich beweegt binnen bepaalde gemeenschappelijke vormen of algemene ideeën

(et ce, malgré toute la multiplicité et la variété qu'il affiche)

(en dat ondanks alle veelheid en variëteit die het vertoont)

et ceux-ci ne peuvent disparaître complètement qu'avec la disparition totale des antagonismes de classe

En deze kunnen niet volledig verdwijnen, behalve met het volledig verdwijnen van klassentegenstellingen

La révolution communiste est la rupture la plus radicale avec les rapports de propriété traditionnels

De communistische revolutie is de meest radicale breuk met de traditionele eigendomsverhoudingen

Il n'est donc pas étonnant que son développement implique la rupture la plus radicale avec les idées traditionnelles

Geen wonder dat de ontwikkeling ervan gepaard gaat met de meest radicale breuk met traditionele ideeën

Mais finissons-en avec les objections de la bourgeoisie contre le communisme

Maar laten we ophouden met de bezwaren van de bourgeoisie tegen het communisme

Nous avons vu plus haut le premier pas de la révolution de la classe ouvrière

We hebben hierboven de eerste stap in de revolutie van de arbeidersklasse gezien

Le prolétariat doit être élevé à la position de dirigeant, pour gagner la bataille de la démocratie

Het proletariaat moet worden verheven tot de positie van heerser, om de strijd van de democratie te winnen

Le prolétariat usera de sa suprématie politique pour arracher peu à peu tout le capital à la bourgeoisie

Het proletariaat zal zijn politieke suprematie gebruiken om geleidelijk al het kapitaal aan de bourgeoisie te ontrukken

elle centralisera tous les instruments de production entre les mains de l'État

het zal alle productiemiddelen centraliseren in de handen van de staat

En d'autres termes, le prolétariat s'est organisé en classe dominante

Met andere woorden, het proletariaat georganiseerd als de heersende klasse

et elle augmentera le plus rapidement possible le total des forces productives

en het zal het totaal van de productiekrachten zo snel mogelijk doen toenemen

Bien sûr, au début, cela ne peut se faire qu'au moyen d'incursions despotiques dans les droits de propriété

In het begin kan dit natuurlijk alleen worden bewerkstelligd door middel van despotische inbreuken op de eigendomsrechten

et elle doit être réalisée dans les conditions de la production bourgeoise

en het moet worden bereikt onder de voorwaarden van de bourgeoisie productie

Elle est donc réalisée au moyen de mesures qui semblent économiquement insuffisantes et intenables

Dit wordt dus bereikt door middel van maatregelen die economisch ontoereikend en onhoudbaar lijken

mais ces moyens, dans le cours du mouvement, se dépassent d'eux-mêmes

Maar deze middelen overtreffen zichzelf in de loop van de beweging

elles nécessitent de nouvelles incursions dans l'ancien ordre social

ze vereisen een verdere inbreuk op de oude sociale orde

et ils sont inévitables comme moyen de révolutionner entièrement le mode de production

En ze zijn onvermijdelijk als middel om de productiewijze volledig te revolutioneren

Ces mesures seront bien sûr différentes selon les pays

Deze maatregelen zullen uiteraard in verschillende landen anders zijn

Néanmoins, dans les pays les plus avancés, ce qui suit sera assez généralement applicable

Niettemin zal in de meest geavanceerde landen het volgende vrij algemeen van toepassing zijn

1. L'abolition de la propriété foncière et l'affectation de toutes les rentes foncières à des fins publiques.

1. Afschaffing van eigendom van grond en aanwending van alle pachtprijzen van grond voor openbare doeleinden.

2. Un impôt sur le revenu progressif ou progressif lourd.

2. Een zware progressieve of gestaffelde inkomstenbelasting.

3. Abolition de tout droit d'héritage.

3. Afschaffing van elk erfrecht.

4. Confiscation des biens de tous les émigrés et rebelles.

4. Confiscatie van de bezittingen van alle emigranten en rebellen.

5. Centralisation du crédit entre les mains de l'État, au moyen d'une banque nationale à capital d'État et monopole exclusif.

5. Centralisatie van het krediet in handen van de staat, door middel van een nationale bank met staatskapitaal en een exclusief monopolie.

6. Centralisation des moyens de communication et de transport entre les mains de l'État.

6. Centralisatie van de communicatie- en transportmiddelen in handen van de staat.

7. Extension des usines et des instruments de production appartenant à l'État

7. Uitbreiding van fabrieken en productiemiddelen die eigendom zijn van de staat

la mise en culture des terres incultes, et l'amélioration du sol en général d'après un plan commun.

het in cultuur brengen van woeste gronden, en de verbetering van de bodem in het algemeen volgens een gemeenschappelijk plan.

8. Responsabilité égale de tous vis-à-vis du travail
8. Gelijke aansprakelijkheid van allen voor arbeid
Mise en place d'armées industrielles, notamment pour l'agriculture.
Oprichting van industriële legers, vooral voor de landbouw.

9. Combinaison de l'agriculture et des industries manufacturières
9. Combinatie van landbouw met verwerkende industrie
l'abolition progressive de la distinction entre la ville et la campagne, par une répartition plus égale de la population sur le territoire.
geleidelijke opheffing van het onderscheid tussen stad en platteland, door een gelijkmatiger verdeling van de bevolking over het land.

10. Gratuité de l'éducation pour tous les enfants dans les écoles publiques.
10. Gratis onderwijs voor alle kinderen op openbare scholen.
Abolition du travail des enfants dans les usines sous sa forme actuelle
Afschaffing van kinderarbeid in de fabriek in zijn huidige vorm
Combinaison de l'éducation et de la production industrielle
Combinatie van onderwijs met industriële productie
Quand, au cours du développement, les distinctions de classe ont disparu
Wanneer in de loop van de ontwikkeling de klassenverschillen zijn verdwenen
et quand toute la production aura été concentrée entre les mains d'une vaste association de toute la nation
en wanneer alle productie is geconcentreerd in de handen van een grote vereniging van de hele natie
alors la puissance publique perdra son caractère politique
Dan zal de publieke macht haar politieke karakter verliezen

Le pouvoir politique, proprement dit, n'est que le pouvoir organisé d'une classe pour en opprimer une autre
Politieke macht, zoals dat eigenlijk wordt genoemd, is niets anders dan de georganiseerde macht van de ene klasse om de andere te onderdrukken
Si le prolétariat, dans sa lutte contre la bourgeoisie, est contraint, par la force des choses, de s'organiser en classe
Als het proletariaat in zijn strijd met de bourgeoisie door de kracht van de omstandigheden gedwongen is zich als een klasse te organiseren
si, par une révolution, elle se fait la classe dominante
als zij zich door middel van een revolutie tot heersende klasse maakt
et, en tant que telle, elle balaie par la force les anciennes conditions de production
En als zodanig veegt het met geweld de oude productieverhoudingen weg
alors, avec ces conditions, elle aura balayé les conditions d'existence des antagonismes de classes et des classes en général
Dan zal het, samen met deze voorwaarden, de voorwaarden voor het bestaan van klassentegenstellingen en van klassen in het algemeen hebben weggevaagd
et aura ainsi aboli sa propre suprématie en tant que classe.
en zal daarmee haar eigen suprematie als klasse hebben afgeschaft.
A la place de l'ancienne société bourgeoise, avec ses classes et ses antagonismes de classes, nous aurons une association
In de plaats van de oude bourgeoisiemaatschappij, met haar klassen en klassentegenstellingen, zullen we een vereniging hebben
une association dans laquelle le libre développement de chacun est la condition du libre développement de tous
een vereniging waarin de vrije ontwikkeling van elk de voorwaarde is voor de vrije ontwikkeling van allen

1) Le socialisme réactionnaire
1) Reactionair socialisme

a) Le socialisme féodal
a) Feodaal socialisme

les aristocraties de France et d'Angleterre avaient une position historique unique
de aristocratieën van Frankrijk en Engeland hadden een unieke historische positie
c'est devenu leur vocation d'écrire des pamphlets contre la société bourgeoise moderne
het werd hun roeping om pamfletten te schrijven tegen de moderne bourgeoisiemaatschappij
Dans la révolution française de juillet 1830 et dans l'agitation réformiste anglaise
In de Franse revolutie van juli 1830 en in de Engelse hervormingsagitatie
Ces aristocraties succombèrent de nouveau à l'odieux parvenu
Deze aristocratieën bezweken opnieuw voor de haatdragende parvenu
Dès lors, il n'était plus question d'une lutte politique sérieuse
Van een serieuze politieke strijd was dus geen sprake.
Tout ce qui restait possible, c'était une bataille littéraire, pas une véritable bataille
Het enige wat nog mogelijk was, was een literaire strijd, geen echte strijd
Mais même dans le domaine de la littérature, les vieux cris de la période de la restauration étaient devenus impossibles
Maar zelfs op het gebied van de literatuur waren de oude kreten van de restauratieperiode onmogelijk geworden
Pour s'attirer la sympathie, l'aristocratie était obligée de perdre de vue, semble-t-il, ses propres intérêts

Om sympathie op te wekken moest de aristocratie blijkbaar haar eigen belangen uit het oog verliezen

et ils ont été obligés de formuler leur réquisitoire contre la bourgeoisie dans l'intérêt de la classe ouvrière exploitée

en zij waren verplicht hun aanklacht tegen de bourgeoisie te formuleren in het belang van de uitgebuite arbeidersklasse

C'est ainsi que l'aristocratie prit sa revanche en chantant des pamphlets sur son nouveau maître

Zo nam de aristocratie wraak door schimpscheuten te zingen over hun nieuwe meester

et ils prirent leur revanche en lui murmurant à l'oreille de sinistres prophéties de catastrophe à venir

En zij namen wraak door hem sinistere profetieën over een komende catastrofe in het oor te fluisteren

C'est ainsi qu'est né le socialisme féodal : moitié lamentation, moitié moquerie

Zo ontstond het feodale socialisme: half weeklagen, half schijn

Il sonnait comme un demi-écho du passé, et projetait une demi-menace de l'avenir

Het klonk als een halve echo van het verleden en een halve dreiging van de toekomst

parfois, par sa critique acerbe, spirituelle et incisive, il frappait la bourgeoisie au plus profond de lui-même

soms trof het de bourgeoisie door zijn bittere, geestige en scherpe kritiek tot in het diepst van de kern

mais elle a toujours été ridicule dans son effet, par l'incapacité totale de comprendre la marche de l'histoire moderne

Maar het was altijd belachelijk in zijn effect, door het totale onvermogen om de opmars van de moderne geschiedenis te begrijpen

L'aristocratie, pour rallier le peuple à elle, agitait le sac d'aumône prolétarien en guise de bannière

Om het volk voor zich te winnen, zwaaide de aristocratie met de proletarische aalmoezenzak voor zich uit als een spandoek

Mais le peuple, toutes les fois qu'il se joignait à lui, voyait sur son arrière-train les anciennes armoiries féodales

Maar het volk, zo dikwijls als het zich bij hen voegde, zag op zijn achterhand de oude feodale wapenschilden

et ils désertèrent avec des rires bruyants et irrévérencieux

en zij verlieten met luid en oneerbiedig gelach

Une partie des légitimistes français et de la « Jeune Angleterre » offrit ce spectacle

Een deel van de Franse legitimisten en "Jong Engeland" exposeerde dit schouwspel

les féodaux ont fait remarquer que leur mode d'exploitation était différent de celui de la bourgeoisie

de feodalisten wezen erop dat hun manier van uitbuiting anders was dan die van de bourgeoisie

Les féodaux oublient qu'ils ont exploité dans des circonstances et des conditions tout à fait différentes

De feodalisten vergeten dat ze onder heel andere omstandigheden en voorwaarden uitbuitten

Et ils n'ont pas remarqué que de telles méthodes d'exploitation sont maintenant désuètes

En ze merkten niet dat dergelijke exploitatiemethoden nu verouderd zijn

Ils ont montré que, sous leur domination, le prolétariat moderne n'a jamais existé

Zij toonden aan dat het moderne proletariaat onder hun bewind nooit heeft bestaan

mais ils oublient que la bourgeoisie moderne est le produit nécessaire de leur propre forme de société

maar ze vergeten dat de moderne bourgeoisie de noodzakelijke nakomeling is van hun eigen maatschappijvorm

Pour le reste, ils dissimulent à peine le caractère réactionnaire de leur critique

Voor het overige verhullen ze het reactionaire karakter van hun kritiek nauwelijks

Leur principale accusation contre la bourgeoisie se résume à ceci

hun voornaamste beschuldiging tegen de bourgeoisie komt op het volgende neer

sous le régime bourgeois, une classe sociale se développe

onder het regime van de bourgeoisie wordt een sociale klasse ontwikkeld

Cette classe sociale est destinée à découper de fond en comble l'ancien ordre de la société

Deze sociale klasse is voorbestemd om de oude orde van de samenleving met wortel en tak af te snijden

Ce qu'ils reprochent à la bourgeoisie, ce n'est pas tant qu'elle crée un prolétariat

Wat ze de bourgeoisie verwijten is niet zozeer dat ze een proletariaat creëert

ce qu'ils reprochent à la bourgeoisie, c'est plutôt de créer un prolétariat révolutionnaire

wat ze de bourgeoisie verwijten is meer, dat ze een revolutionair proletariaat schept

Dans la pratique politique, ils se joignent donc à toutes les mesures coercitives contre la classe ouvrière

In de politieke praktijk nemen zij dus deel aan alle dwangmaatregelen tegen de arbeidersklasse

Et dans la vie ordinaire, malgré leurs phrases hautaines, ils s'abaissent à ramasser les pommes d'or tombées de l'arbre de l'industrie

En in het gewone leven bukken ze, ondanks hun hoogdravende zinnen, zich om de gouden appels op te rapen die van de boom van de industrie zijn gevallen

et ils troquent la vérité, l'amour et l'honneur contre le commerce de la laine, du sucre de betterave et de l'eau-de-vie de pommes de terre

En zij ruilen waarheid, liefde en eer voor handel in wol, bietensuiker en aardappel-eau-de-vie

De même que le pasteur a toujours marché main dans la main avec le propriétaire foncier, il en a été de même du socialisme clérical et du socialisme féodal

Zoals de dominee altijd hand in hand is gegaan met de grootgrondbezitter, zo is ook het klerikale socialisme gegaan met het feodale socialisme

Rien n'est plus facile que de donner à l'ascétisme chrétien une teinte socialiste

Niets is gemakkelijker dan de christelijke ascese een socialistisch tintje te geven

Le christianisme n'a-t-il pas déclamé contre la propriété privée, contre le mariage, contre l'État ?

Heeft het christendom zich niet uitgesproken tegen het privé-eigendom, tegen het huwelijk, tegen de staat?

Le christianisme n'a-t-il pas prêché à la place de la charité et de la pauvreté ?

Heeft het Christendom niet gepredikt in de plaats van deze, naastenliefde en armoede?

Le christianisme ne prêche-t-il pas le célibat et la mortification de la chair, de la vie monastique et de l'Église mère ?

Predikt het christendom niet het celibaat en de versterving van het vlees, het kloosterleven en de Moederkerk?

Le socialisme chrétien n'est que l'eau bénite avec laquelle le prêtre consacre les brûlures du cœur de l'aristocrate

Het christelijk socialisme is niets anders dan het heilige water waarmee de priester de hartverbrandingen van de aristocraat inwijdt

b) Le socialisme petit-bourgeois
b) Kleinburgerlijk socialisme

L'aristocratie féodale n'est pas la seule classe ruinée par la bourgeoisie
De feodale aristocratie was niet de enige klasse die door de bourgeoisie werd geruïneerd
ce n'était pas la seule classe dont les conditions d'existence languissaient et périssaient dans l'atmosphère de la société bourgeoise moderne
het was niet de enige klasse wier bestaansvoorwaarden kwijnden en ten onder gingen in de atmosfeer van de moderne bourgeoisiemaatschappij
Les bourgeois médiévaux et les petits propriétaires paysans ont été les précurseurs de la bourgeoisie moderne
De middeleeuwse burgers en de kleine boeren waren de voorlopers van de moderne bourgeoisie
Dans les pays peu développés, tant au point de vue industriel que commercial, ces deux classes végètent encore côte à côte
In de landen die op industrieel en commercieel gebied nog maar weinig ontwikkeld zijn, vegeteren deze twee klassen nog steeds naast elkaar
et pendant ce temps, la bourgeoisie se lève à côté d'eux : industriellement, commercialement et politiquement
en intussen staat de bourgeoisie naast hen op: industrieel, commercieel en politiek
Dans les pays où la civilisation moderne s'est pleinement développée, une nouvelle classe de petite bourgeoisie s'est formée
In landen waar de moderne beschaving volledig ontwikkeld is, heeft zich een nieuwe klasse van kleinburgerij gevormd
cette nouvelle classe sociale oscille entre le prolétariat et la bourgeoisie
deze nieuwe sociale klasse schommelt tussen proletariaat en bourgeoisie

et elle se renouvelle sans cesse en tant que partie supplémentaire de la société bourgeoise

en het vernieuwt zich steeds als een aanvullend deel van de burgerlijke samenleving

Cependant, les membres individuels de cette classe sont constamment précipités dans le prolétariat

De individuele leden van deze klasse worden echter voortdurend in het proletariaat geslingerd

ils sont aspirés par le prolétariat par l'action de la concurrence

Ze worden door het proletariaat opgezogen door de werking van de concurrentie

Au fur et à mesure que l'industrie moderne se développe, ils voient même approcher le moment où ils disparaîtront complètement en tant que section indépendante de la société moderne

Naarmate de moderne industrie zich ontwikkelt, zien ze zelfs het moment naderen waarop ze volledig zullen verdwijnen als een zelfstandig deel van de moderne samenleving

ils seront remplacés, dans les manufactures, l'agriculture et le commerce, par des surveillants, des huissiers et des boutiquiers

Zij zullen in de industrie, de landbouw en de handel worden vervangen door opzichters, deurwaarders en winkeliers

Dans des pays comme la France, où les paysans représentent bien plus de la moitié de la population

In landen als Frankrijk, waar de boeren veel meer dan de helft van de bevolking uitmaken

il était naturel qu'il y ait des écrivains qui se rangent du côté du prolétariat contre la bourgeoisie

het was natuurlijk dat er schrijvers waren die de kant van het proletariaat kozen tegen de bourgeoisie

dans leur critique du régime bourgeois, ils utilisaient l'étendard de la bourgeoisie paysanne et de la petite bourgeoisie

in hun kritiek op het regime van de bourgeoisie gebruikten ze
de standaard van de boeren- en kleinburgerij
**et, du point de vue de ces classes intermédiaires, ils
prennent le relais de la classe ouvrière**
En vanuit het standpunt van deze tussenklassen nemen zij de
knuppel in het hoenderhok van de arbeidersklasse
**C'est ainsi qu'est né le socialisme petit-bourgeois, dont
Sismondi était le chef de cette école, non seulement en
France, mais aussi en Angleterre**
Zo ontstond het kleinburgerlijke socialisme, waarvan
Sismondi het hoofd van deze school was, niet alleen in
Frankrijk, maar ook in Engeland
**Cette école du socialisme a disséqué avec une grande acuité
les contradictions des conditions de la production moderne**
Deze school van het socialisme ontleedde met grote
scherpzinnigheid de tegenstrijdigheden in de voorwaarden
van de moderne productie
Cette école a mis à nu les excuses hypocrites des économistes
Deze school legde de hypocriete verontschuldigingen van
economen bloot
**Cette école prouva sans conteste les effets désastreux du
machinisme et de la division du travail**
Deze school bewees onomstotelijk de desastreuze gevolgen
van machinerie en arbeidsdeling
**elle prouvait la concentration du capital et de la terre entre
quelques mains**
Het bewees de concentratie van kapitaal en land in enkele
handen
**elle a prouvé comment la surproduction conduit à des crises
bourgeoises**
het bewees hoe overproductie leidt tot crises in de bourgeoisie
**il soulignait la ruine inévitable de la petite bourgeoisie et
des paysans**
het wees op de onvermijdelijke ondergang van de
kleinburgerij en de boeren

la misère du prolétariat, l'anarchie de la production, les inégalités criantes dans la répartition des richesses

de ellende van het proletariaat, de anarchie in de productie, de schreeuwende ongelijkheden in de verdeling van de rijkdom

Il a montré comment le système de production mène la guerre industrielle d'extermination entre les nations

Het liet zien hoe het productiesysteem de industriële uitroeiingsoorlog tussen naties leidt

la dissolution des vieux liens moraux, des vieilles relations familiales, des vieilles nationalités

de ontbinding van oude morele banden, van de oude familiebanden, van de oude nationaliteiten

Dans ses objectifs positifs, cependant, cette forme de socialisme aspire à réaliser l'une des deux choses suivantes

In haar positieve doelstellingen streeft deze vorm van socialisme echter naar een van de volgende twee dingen

soit elle vise à restaurer les anciens moyens de production et d'échange

Ofwel beoogt het het herstel van de oude productie- en ruilmiddelen

et avec les anciens moyens de production, elle rétablirait les anciens rapports de propriété et l'ancienne société

En met de oude productiemiddelen zou het de oude eigendomsverhoudingen en de oude maatschappij herstellen

ou bien elle vise à enfermer les moyens modernes de production et d'échange dans l'ancien cadre des rapports de propriété

Of het is de bedoeling om de moderne productie- en ruilmiddelen in het oude kader van de eigendomsverhoudingen te plaatsen

Dans un cas comme dans l'autre, elle est à la fois réactionnaire et utopique

In beide gevallen is het zowel reactionair als utopisch

Ses derniers mots sont : guildes corporatives pour la fabrication, relations patriarcales dans l'agriculture

De laatste woorden zijn: corporatieve gilden voor de industrie,
patriarchale verhoudingen in de landbouw
**En fin de compte, lorsque les faits historiques obstinés ont
dispersé tous les effets enivrants de l'auto-tromperie**
Uiteindelijk, toen hardnekkige historische feiten alle
bedwelmende effecten van zelfbedrog hadden verdreven
**cette forme de socialisme se termina par un misérable accès
de pitié**
deze vorm van socialisme eindigde in een ellendige vlaag van
medelijden

c) Le socialisme allemand, ou « vrai »
c) Duits, of 'echt', socialisme

La littérature socialiste et communiste de France est née sous la pression d'une bourgeoisie au pouvoir
De socialistische en communistische literatuur van Frankrijk is ontstaan onder druk van een bourgeoisie aan de macht
Et cette littérature était l'expression de la lutte contre ce pouvoir
En deze literatuur was de uitdrukking van de strijd tegen deze macht
elle a été introduite en Allemagne à une époque où la bourgeoisie venait de commencer sa lutte contre l'absolutisme féodal
het werd in Duitsland ingevoerd in een tijd dat de bourgeoisie net haar strijd met het feodale absolutisme was begonnen
Les philosophes allemands, les prétendus philosophes et les beaux esprits, s'emparèrent avidement de cette littérature
Duitse filosofen, would-be filosofen en beaux esprits, grepen deze literatuur gretig aan
mais ils oubliaient que les écrits avaient émigré de France en Allemagne sans apporter avec eux les conditions sociales françaises
maar ze vergaten dat de geschriften vanuit Frankrijk naar Duitsland emigreerden zonder de Franse sociale omstandigheden mee te brengen
Au contact des conditions sociales allemandes, cette littérature française perd toute sa signification pratique immédiate
In contact met de Duitse sociale verhoudingen verloor deze Franse literatuur al haar onmiddellijke praktische betekenis
et la littérature communiste de France a pris un aspect purement littéraire dans les cercles académiques allemands
en de communistische literatuur van Frankrijk nam in Duitse academische kringen een zuiver literair aspect aan

Ainsi, les exigences de la première Révolution française n'étaient rien d'autre que les exigences de la « raison pratique »

De eisen van de eerste Franse Revolutie waren dus niets anders dan de eisen van de 'praktische rede'

et l'expression de la volonté de la bourgeoisie française révolutionnaire signifiait à leurs yeux la loi de la volonté pure

en het uitspreken van de wil van de revolutionaire Franse bourgeoisie betekende in hun ogen de wet van de zuivere wil

il signifiait la Volonté telle qu'elle devait être ; de la vraie Volonté humaine en général

het betekende de Wil zoals die moest zijn; van de ware menselijke Wil in het algemeen

Le monde des lettrés allemands ne consistait qu'à mettre les nouvelles idées françaises en harmonie avec leur ancienne conscience philosophique

De wereld van de Duitse literatoren bestond er uitsluitend in de nieuwe Franse ideeën in overeenstemming te brengen met hun oude filosofische geweten

ou plutôt, ils ont annexé les idées françaises sans déserter leur propre point de vue philosophique

of beter gezegd, ze annexeerden de Franse ideeën zonder hun eigen filosofische standpunt op te geven

Cette annexion s'est faite de la même manière que l'on s'approprie une langue étrangère, c'est-à-dire par la traduction

Deze annexatie vond plaats op dezelfde manier als waarop een vreemde taal wordt toegeëigend, namelijk door vertaling

Il est bien connu comment les moines ont écrit des vies stupides de saints catholiques sur des manuscrits

Het is bekend hoe de monniken dwaze levens van katholieke heiligen schreven over manuscripten

les manuscrits sur lesquels les œuvres classiques de l'ancien paganisme avaient été écrites

de manuscripten waarop de klassieke werken van het oude heidendom waren geschreven

Les lettrés allemands ont inversé ce processus avec la littérature française profane

De Duitse literatoren keerden dit proces om met de profane Franse literatuur

Ils ont écrit leurs absurdités philosophiques sous l'original français

Ze schreven hun filosofische onzin onder het Franse origineel

Par exemple, sous la critique française des fonctions économiques de l'argent, ils ont écrit « L'aliénation de l'humanité »

Onder de Franse kritiek op de economische functies van geld schreven ze bijvoorbeeld "Vervreemding van de mensheid"

au-dessous de la critique française de l'État bourgeois, ils écrivaient « détrônement de la catégorie du général »

onder de Franse kritiek op de bourgeoisie van de staat schreven ze "onttroning van de categorie van de generaal"

L'introduction de ces phrases philosophiques à la fin des critiques historiques françaises qu'ils ont baptisées :

De introductie van deze filosofische zinnen aan de achterkant van de Franse historische kritieken noemden ze:

« Philosophie de l'action », « Vrai socialisme », « Science allemande du socialisme », « Fondement philosophique du socialisme », etc

'Filosofie van het handelen', 'Het ware socialisme', 'Duitse wetenschap van het socialisme', 'Filosofische grondslag van het socialisme', enzovoort

La littérature socialiste et communiste française est ainsi complètement émasculée

De Franse socialistische en communistische literatuur werd dus volledig ontmand

entre les mains des philosophes allemands, elle cessa d'exprimer la lutte d'une classe contre l'autre

in de handen van de Duitse filosofen hield het op de strijd van de ene klasse met de andere uit te drukken

et c'est ainsi que les philosophes allemands se sentaient conscients d'avoir surmonté « l'unilatéralité française »

en dus voelden de Duitse filosofen zich ervan bewust dat ze de 'Franse eenzijdigheid' hadden overwonnen

Il n'avait pas à représenter de vraies exigences, mais plutôt des exigences de vérité

Het hoefde geen ware vereisten te vertegenwoordigen, integendeel, het vertegenwoordigde vereisten van waarheid

il n'y avait pas d'intérêt pour le prolétariat, mais plutôt pour la nature humaine

er was geen belangstelling voor het proletariaat, integendeel, er was belangstelling voor de menselijke natuur

l'intérêt était dans l'Homme en général, qui n'appartient à aucune classe et n'a pas de réalité

de belangstelling ging uit naar de mens in het algemeen, die tot geen enkele klasse behoort en geen werkelijkheid heeft

un homme qui n'existe que dans le royaume brumeux de la fantaisie philosophique

Een man die alleen bestaat in het mistige rijk van de filosofische fantasie

mais finalement, ce socialisme allemand d'écolier perdit aussi son innocence pédante

maar uiteindelijk verloor ook dit Duitse schooljongenssocialisme zijn pedante onschuld

la bourgeoisie allemande, et surtout la bourgeoisie prussienne, luttait contre l'aristocratie féodale

de Duitse bourgeoisie, en vooral de Pruisische bourgeoisie vochten tegen de feodale aristocratie

la monarchie absolue de l'Allemagne et de la Prusse était également combattue

ook de absolute monarchie van Duitsland en Pruisen werd bestreden

Et à son tour, la littérature du mouvement libéral est également devenue plus sérieuse

En op haar beurt werd de literatuur van de liberale beweging ook serieuzer

L'Allemagne a eu l'occasion longtemps souhaitée par le « vrai » socialisme de se voir offrir

Duitslands lang verlangde kans op het 'ware' socialisme werd geboden

l'occasion de confronter le mouvement politique aux revendications socialistes

de mogelijkheid om de politieke beweging te confronteren met de socialistische eisen

l'occasion de jeter les anathèmes traditionnels contre le libéralisme

de gelegenheid om de traditionele banvloeken tegen het liberalisme te slingeren

l'occasion d'attaquer le gouvernement représentatif et la concurrence bourgeoise

de mogelijkheid om de representatieve regering en de concurrentie van de bourgeoisie aan te vallen

Liberté de la presse bourgeoise, législation bourgeoise, liberté et égalité bourgeoise

Burgerlijke persvrijheid, Burgerlijke wetgeving, Burgerlijke vrijheid en gelijkheid

Tout cela pourrait maintenant être critiqué dans le monde réel, plutôt que dans la fantaisie

Al deze kunnen nu in de echte wereld worden bekritiseerd, in plaats van in fantasie

L'aristocratie féodale et la monarchie absolue prêchaient depuis longtemps aux masses

De feodale aristocratie en de absolute monarchie hadden lang aan de massa's gepredikt

« L'ouvrier n'a rien à perdre, et il a tout à gagner »

"De werkende mens heeft niets te verliezen, en hij heeft alles te winnen"

le mouvement bourgeois offrait aussi une chance de se confronter à ces platitudes

de bourgeoisiebeweging bood ook een kans om deze gemeenplaatsen aan te pakken

la critique française présupposait l'existence d'une société bourgeoise moderne

de Franse kritiek veronderstelde het bestaan van de moderne bourgeoisiemaatschappij

Conditions économiques d'existence de la bourgeoisie et constitution politique de la bourgeoisie

De economische bestaansvoorwaarden van de bourgeoisie en de politieke constitutie van de bourgeoisie

les choses mêmes dont la réalisation était l'objet de la lutte imminente en Allemagne

precies die dingen waarvan de verwezenlijking het doel was van de op handen zijnde strijd in Duitsland

L'écho stupide du socialisme en Allemagne a abandonné ces objectifs juste à temps

De dwaze echo van het socialisme in Duitsland liet deze doelen op het nippertje varen

Les gouvernements absolus avaient leur suite de pasteurs, de professeurs, d'écuyers de campagne et de fonctionnaires

De absolute regeringen hadden hun aanhang van dominees, professoren, landjonkers en ambtenaren

le gouvernement de l'époque a répondu aux soulèvements de la classe ouvrière allemande par des coups de fouet et des balles

de toenmalige regering beantwoordde de Duitse arbeidersopstanden met zweepslagen en kogels

pour eux, ce socialisme était un épouvantail bienvenu contre la bourgeoisie menaçante

voor hen diende dit socialisme als een welkome vogelverschrikker tegen de dreigende bourgeoisie

et le gouvernement allemand a pu offrir un dessert sucré après les pilules amères qu'il a distribuées

en de Duitse regering kon een zoet dessert aanbieden na de bittere pillen die ze uitdeelde

ce « vrai » socialisme servait donc aux gouvernements d'arme pour combattre la bourgeoisie allemande

dit 'ware' socialisme diende de regeringen dus als wapen in de strijd tegen de Duitse bourgeoisie

et, en même temps, il représentait directement un intérêt réactionnaire ; celle des Philistins allemands

en tegelijkertijd vertegenwoordigde het direct een reactionair belang; die van de Duitse Filistijnen

En Allemagne, la petite bourgeoisie est la véritable base sociale de l'état de choses actuel

In Duitsland is de klasse van de kleinburgerij de werkelijke maatschappelijke basis van de bestaande stand van zaken

une relique du XVIe siècle qui n'a cessé de surgir sous diverses formes

een overblijfsel uit de zestiende eeuw dat voortdurend onder verschillende vormen opduikt

Conserver cette classe, c'est préserver l'état de choses existant en Allemagne

Het behoud van deze klasse is het behoud van de bestaande stand van zaken in Duitsland

La suprématie industrielle et politique de la bourgeoisie menace la petite bourgeoisie d'une destruction certaine

De industriële en politieke suprematie van de bourgeoisie bedreigt de kleinburgerij met een zekere ondergang

d'une part, elle menace de détruire la petite bourgeoisie par la concentration du capital

aan de ene kant dreigt het de kleinburgerij te vernietigen door de concentratie van kapitaal

d'autre part, la bourgeoisie menace de la détruire par l'avènement d'un prolétariat révolutionnaire

aan de andere kant dreigt de bourgeoisie haar te vernietigen door de opkomst van een revolutionair proletariaat

Le « vrai » socialisme semblait faire d'une pierre deux coups. Il s'est répandu comme une épidémie

Het 'echte' socialisme leek deze twee vliegen in één klap te slaan. Het verspreidde zich als een epidemie

La robe de toiles d'araignées spéculatives, brodée de fleurs de rhétorique, trempée dans la rosée du sentiment maladif

Het gewaad van speculatieve spinnenwebben, geborduurd
met bloemen van retoriek, gedrenkt in de dauw van ziekelijk
sentiment

**cette robe transcendantale dans laquelle les socialistes
allemands enveloppaient leurs tristes « vérités éternelles »**
dit transcendentale gewaad waarin de Duitse socialisten hun
droevige 'eeuwige waarheden' wikkelden

**tout de peau et d'os, servaient à augmenter
merveilleusement la vente de leurs marchandises auprès
d'un public aussi**
allemaal vel over been, dienden om de verkoop van hun
goederen onder zo'n publiek wonderbaarlijk te vergroten

**Et de son côté, le socialisme allemand reconnaissait de plus
en plus sa propre vocation**
En van zijn kant erkende het Duitse socialisme meer en meer
zijn eigen roeping

**on l'appelait à être le représentant grandiloquent de la
petite-bourgeoisie philistine**
het werd geroepen om de bombastische vertegenwoordiger
van de kleinburgerlijke filisterijn te zijn

**Il proclamait que la nation allemande était la nation modèle,
et le petit philistin allemand l'homme modèle**
Het riep de Duitse natie uit tot de modelnatie en de Duitse
kleine filistijn tot de modelmens

**À chaque méchanceté de cet homme modèle, elle donnait
une interprétation socialiste cachée, plus élevée**
Aan elke boosaardige gemeenheid van deze modelmens gaf
het een verborgen, hogere, socialistische interpretatie

**cette interprétation socialiste supérieure était l'exact
contraire de son caractère réel**
deze hogere, socialistische interpretatie was precies het
tegenovergestelde van haar werkelijke aard

**Il est allé jusqu'à s'opposer directement à la tendance «
brutalement destructrice » du communisme**
Het ging zo ver dat het zich rechtstreeks verzette tegen de
"brutaal destructieve" neiging van het communisme

et il proclamait son mépris suprême et impartial de toutes les luttes de classes

en het verkondigde zijn opperste en onpartijdige minachting voor alle klassenstrijd

À de très rares exceptions près, toutes les publications dites socialistes et communistes qui circulent aujourd'hui (1847) en Allemagne appartiennent au domaine de cette littérature nauséabonde et énervante

Op enkele uitzonderingen na behoren alle zogenaamde socialistische en communistische publicaties die nu (1847) in Duitsland circuleren, tot het domein van deze smerige en enerverende literatuur

2) Le socialisme conservateur ou le socialisme bourgeois
2) Conservatief socialisme, of bourgeoisie socialisme

Une partie de la bourgeoisie est désireuse de redresser les griefs sociaux
Een deel van de bourgeoisie verlangt ernaar om sociale grieven recht te zetten
afin d'assurer la pérennité de la société bourgeoise
om het voortbestaan van de bourgeoisiemaatschappij veilig te stellen
C'est à cette section qu'appartiennent les économistes, les philanthropes, les humanitaires
Tot deze sectie behoren economen, filantropen, humanitairen
améliorateurs de la condition de la classe ouvrière et organisateurs de la charité
Verbetering van de toestand van de arbeidersklasse en organisatoren van liefdadigheid
membres des sociétés de prévention de la cruauté envers les animaux
Leden van verenigingen ter voorkoming van dierenmishandeling
fanatiques de la tempérance, réformateurs de toutes sortes imaginables
Drankbestrijdingsfanatici, hervormers van elke denkbare soort
Cette forme de socialisme a, d'ailleurs, été élaborée en systèmes complets
Deze vorm van socialisme is bovendien uitgewerkt tot complete systemen
On peut citer la « Philosophie de la Misère » de Proudhon comme exemple de cette forme
We kunnen Proudhon's "Philosophie de la Misère" als voorbeeld van deze vorm noemen
La bourgeoisie socialiste veut tous les avantages des conditions sociales modernes
De socialistische bourgeoisie wil alle voordelen van de moderne sociale verhoudingen

mais la bourgeoisie socialiste ne veut pas nécessairement des luttes et des dangers qui en résultent

maar de socialistische bourgeoisie wil niet per se de daaruit voortvloeiende strijd en gevaren

Ils désirent l'état actuel de la société, sans ses éléments révolutionnaires et désintégrateurs

Ze verlangen naar de bestaande staat van de maatschappij, minus haar revolutionaire en desintegrerende elementen

c'est-à-dire qu'ils veulent une bourgeoisie sans prolétariat

met andere woorden, zij wensen een bourgeoisie zonder proletariaat

La bourgeoisie conçoit naturellement le monde dans lequel elle est souveraine d'être la meilleure

De bourgeoisie stelt zich natuurlijk de wereld voor waarin het oppermachtig is de beste te zijn

et le socialisme bourgeois développe cette conception confortable en divers systèmes plus ou moins complets

en het bourgeoisie-socialisme ontwikkelt deze comfortabele opvatting tot verschillende min of meer volledige systemen

ils voudraient beaucoup que le prolétariat marche droit dans la Nouvelle Jérusalem sociale

zij zouden heel graag willen dat het proletariaat regelrecht het sociale Nieuwe Jeruzalem binnenmarcheerde

Mais en réalité, elle exige du prolétariat qu'il reste dans les limites de la société existante

Maar in werkelijkheid vereist het dat het proletariaat binnen de grenzen van de bestaande maatschappij blijft

ils demandent au prolétariat de se débarrasser de toutes ses idées haineuses sur la bourgeoisie

zij vragen het proletariaat om al hun hatelijke ideeën over de bourgeoisie af te werpen

il y a une seconde forme plus pratique, mais moins systématique, de ce socialisme

er is een tweede, meer praktische, maar minder systematische, vorm van dit socialisme

Cette forme de socialisme cherchait à déprécier tout mouvement révolutionnaire aux yeux de la classe ouvrière

Deze vorm van socialisme probeerde elke revolutionaire beweging in de ogen van de arbeidersklasse te devalueren

Ils soutiennent qu'aucune simple réforme politique ne pourrait leur être d'un quelconque avantage

Ze beweren dat geen enkele politieke hervorming enig voordeel voor hen zou kunnen opleveren

Seul un changement dans les conditions matérielles d'existence dans les relations économiques est bénéfique

Alleen een verandering in de materiële bestaansvoorwaarden in de economische verhoudingen is gunstig

Comme le communisme, cette forme de socialisme prône un changement des conditions matérielles d'existence

Net als het communisme pleit deze vorm van socialisme voor een verandering in de materiële bestaansvoorwaarden

Cependant, cette forme de socialisme ne suggère nullement l'abolition des rapports de production bourgeois

Deze vorm van socialisme betekent echter geenszins de afschaffing van de burgerlijke productieverhoudingen

l'abolition des rapports de production bourgeois ne peut se faire que par la révolution

de afschaffing van de bourgeoisie productieverhoudingen kan alleen worden bereikt door een revolutie

Mais au lieu d'une révolution, cette forme de socialisme suggère des réformes administratives

Maar in plaats van een revolutie suggereert deze vorm van socialisme administratieve hervormingen

et ces réformes administratives seraient fondées sur la pérennité de ces relations

En deze administratieve hervormingen zouden gebaseerd zijn op het voortbestaan van deze betrekkingen

réformes qui n'affectent en rien les rapports entre le capital et le travail

hervormingen dus die in geen enkel opzicht de verhoudingen tussen kapitaal en arbeid aantasten

au mieux, de telles réformes réduisent le coût et simplifient le travail administratif du gouvernement bourgeois

in het beste geval verminderen dergelijke hervormingen de kosten en vereenvoudigen ze het administratieve werk van de bourgeoisieregering

Le socialisme bourgeois atteint une expression adéquate lorsque, et seulement lorsque, il devient une simple figure de style

Het burgerlijk socialisme komt tot een adequate uitdrukking, wanneer en alleen wanneer het slechts een beeldspraak wordt

Le libre-échange : au profit de la classe ouvrière

Vrijhandel: ten voordele van de arbeidersklasse

Les devoirs protecteurs : au profit de la classe ouvrière

Beschermende plichten: ten voordele van de arbeidersklasse

Réforme pénitentiaire : au profit de la classe ouvrière

Hervorming van het gevangeniswezen: ten voordele van de arbeidersklasse

C'est le dernier mot et le seul mot sérieux du socialisme bourgeois

Dit is het laatste woord en het enige serieus bedoelde woord van het bourgeoisiesocialisme

Elle se résume dans la phrase : la bourgeoisie est une bourgeoisie au profit de la classe ouvrière

Het wordt samengevat in de zin: de bourgeoisie is een bourgeoisie ten bate van de arbeidersklasse

3) Socialisme et communisme utopiques critiques
3) Kritisch-utopisch socialisme en communisme

Nous ne nous référons pas ici à la littérature qui a toujours donné la parole aux revendications du prolétariat
We hebben het hier niet over de literatuur die altijd een stem heeft gegeven aan de eisen van het proletariaat
cela a été présent dans toutes les grandes révolutions modernes, comme les écrits de Babeuf et d'autres
dit is aanwezig geweest in elke grote moderne revolutie, zoals de geschriften van Babeuf en anderen
Les premières tentatives directes du prolétariat pour parvenir à ses propres fins échouèrent nécessairement
De eerste directe pogingen van het proletariaat om zijn eigen doelen te bereiken, mislukten noodzakelijkerwijs
Ces tentatives ont été faites dans des temps d'effervescence universelle, lorsque la société féodale était renversée
Deze pogingen werden ondernomen in tijden van universele opwinding, toen de feodale samenleving werd omvergeworpen
L'état alors peu développé du prolétariat a conduit à l'échec de ces tentatives
De toen nog onontwikkelde staat van het proletariaat leidde tot het mislukken van die pogingen
et ils ont échoué en raison de l'absence des conditions économiques pour son émancipation
En ze faalden vanwege het ontbreken van de economische voorwaarden voor de emancipatie ervan
conditions qui n'avaient pas encore été produites, et qui ne pouvaient être produites que par l'époque de la bourgeoisie
omstandigheden die nog moesten worden voortgebracht, en die alleen door het naderende tijdperk van de bourgeoisie konden worden voortgebracht
La littérature révolutionnaire qui accompagnait ces premiers mouvements du prolétariat avait nécessairement un caractère réactionnaire

De revolutionaire literatuur die deze eerste bewegingen van
het proletariaat begeleidde, had noodzakelijkerwijs een
reactionair karakter

**Cette littérature inculquait l'ascétisme universel et le
nivellement social dans sa forme la plus grossière**

Deze literatuur prentte universele ascese en sociale nivellering
in zijn meest grove vorm in

**Les systèmes socialistes et communistes, proprement dits,
naissent au début de la période sous-développée**

De eigenlijke socialistische en communistische stelsels
ontstaan in de vroege onontwikkelde periode

**Saint-Simon, Fourier, Owen et d'autres, ont décrit la lutte
entre le prolétariat et la bourgeoisie (voir section 1)**

Saint-Simon, Fourier, Owen en anderen, beschreven de strijd
tussen proletariaat en bourgeoisie (zie hoofdstuk 1)

**Les fondateurs de ces systèmes voient, en effet, les
antagonismes de classe**

De grondleggers van deze systemen zien inderdaad de
klassentegenstellingen

**Ils voient aussi l'action des éléments en décomposition, dans
la forme dominante de la société**

Ze zien ook de werking van de ontbindende elementen, in de
heersende maatschappijvorm

**Mais le prolétariat, encore à ses débuts, leur offre le
spectacle d'une classe sans aucune initiative historique**

Maar het proletariaat, dat nog in de kinderschoenen staat,
biedt hen het schouwspel van een klasse zonder enig
historisch initiatief

**Ils voient le spectacle d'une classe sociale sans aucun
mouvement politique indépendant**

Ze zien het schouwspel van een sociale klasse zonder enige
onafhankelijke politieke beweging

**Le développement de l'antagonisme de classe va de pair
avec le développement de l'industrie**

De ontwikkeling van de klassentegenstellingen houdt gelijke
tred met de ontwikkeling van de industrie

La situation économique ne leur offre donc pas encore les conditions matérielles de l'émancipation du prolétariat

De economische situatie biedt hun dus nog niet de materiële voorwaarden voor de emancipatie van het proletariaat

Ils cherchent donc une nouvelle science sociale, de nouvelles lois sociales, qui doivent créer ces conditions

Ze zoeken daarom naar een nieuwe sociale wetenschap, naar nieuwe sociale wetten, die deze voorwaarden moeten scheppen

l'action historique, c'est céder à leur action inventive personnelle

Historisch handelen is wijken voor hun persoonlijke inventieve actie

Les conditions d'émancipation créées historiquement doivent céder la place à des conditions fantastiques

Historisch gecreëerde voorwaarden voor emancipatie zullen wijken voor fantastische omstandigheden

et l'organisation de classe graduelle et spontanée du prolétariat doit céder la place à l'organisation de la société

En de geleidelijke, spontane klassenorganisatie van het proletariaat moet wijken voor de organisatie van de maatschappij

l'organisation de la société spécialement conçue par ces inventeurs

de organisatie van de samenleving die speciaal door deze uitvinders is bedacht

L'histoire future se résout, à leurs yeux, dans la propagande et l'exécution pratique de leurs projets sociaux

De toekomstige geschiedenis lost zich in hun ogen op in de propaganda en de praktische uitvoering van hun sociale plannen

Dans l'élaboration de leurs plans, ils ont conscience de s'occuper avant tout des intérêts de la classe ouvrière

Bij het opstellen van hun plannen zijn zij zich ervan bewust dat zij zich voornamelijk bekommeren om de belangen van de arbeidersklasse

Ce n'est que du point de vue d'être la classe la plus souffrante que le prolétariat existe pour eux

Alleen vanuit het oogpunt van het feit dat zij de meest lijdende klasse zijn, bestaat het proletariaat voor hen

L'état sous-développé de la lutte des classes et leur propre environnement informent leurs opinions

De onontwikkelde staat van de klassenstrijd en hun eigen omgeving vormen hun mening

Les socialistes de ce genre se considèrent comme bien supérieurs à tous les antagonismes de classe

Dit soort socialisten beschouwen zichzelf als verreweg superieur aan alle klassentegenstellingen

Ils veulent améliorer la condition de tous les membres de la société, même celle des plus favorisés

Ze willen de toestand van elk lid van de samenleving verbeteren, zelfs die van de meest begunstigden

Par conséquent, ils s'adressent habituellement à la société dans son ensemble, sans distinction de classe

Daarom doen ze gewoonlijk een beroep op de samenleving als geheel, zonder onderscheid van klasse

Bien plus, ils font appel à la société dans son ensemble de préférence à la classe dirigeante

Sterker nog, ze doen een beroep op de samenleving als geheel door de voorkeur te geven aan de heersende klasse

Pour eux, tout ce qu'il faut, c'est que les autres comprennent leur système

Voor hen is het enige wat nodig is dat anderen hun systeem begrijpen

Car comment les gens peuvent-ils ne pas voir que le meilleur plan possible est le meilleur état possible de la société ?

Want hoe kunnen mensen niet inzien dat het best mogelijke plan is voor de best mogelijke staat van de samenleving?

C'est pourquoi ils rejettent toute action politique, et surtout toute action révolutionnaire

Daarom verwerpen zij alle politieke, en vooral alle revolutionaire acties

ils veulent arriver à leurs fins par des moyens pacifiques

Ze willen hun doelen bereiken met vreedzame middelen

ils s'efforcent, par de petites expériences, qui sont nécessairement vouées à l'échec

Ze proberen het door kleine experimenten, die noodzakelijkerwijs gedoemd zijn te mislukken

et par la force de l'exemple, ils essaient d'ouvrir la voie au nouvel Évangile social

en door de kracht van het voorbeeld proberen zij de weg te effenen voor het nieuwe sociale Evangelie

De tels tableaux fantastiques de la société future, peints à une époque où le prolétariat est encore dans un état très sous-développé

Zulke fantastische beelden van de toekomstige maatschappij, geschilderd in een tijd waarin het proletariaat nog in een zeer onontwikkelde staat verkeert

et il n'a encore qu'une conception fantasmatique de sa propre position

En het heeft nog steeds slechts een fantastisch idee van zijn eigen positie

Mais leurs premières aspirations instinctives correspondent aux aspirations du prolétariat

Maar hun eerste instinctieve verlangens komen overeen met de verlangens van het proletariaat

L'un et l'autre aspirent à une reconstruction générale de la société

Beiden verlangen naar een algemene reconstructie van de samenleving

Mais ces publications socialistes et communistes contiennent aussi un élément critique

Maar deze socialistische en communistische publicaties bevatten ook een cruciaal element

Ils s'attaquent à tous les principes de la société existante

Ze vallen elk principe van de bestaande samenleving aan

C'est pourquoi ils sont remplis des matériaux les plus précieux pour l'illumination de la classe ouvrière

Daarom zitten ze vol met de meest waardevolle materialen voor de verlichting van de arbeidersklasse

Ils proposent l'abolition de la distinction entre la ville et la campagne, et la famille

Zij stellen voor het onderscheid tussen stad en platteland af te schaffen, en het gezin

la suppression de l'exercice de l'industrie pour le compte des particuliers

de afschaffing van de uitoefening van industrieën voor rekening van particulieren

et l'abolition du salariat et la proclamation de l'harmonie sociale

en de afschaffing van het loonsysteem en de afkondiging van sociale harmonie

la transformation des fonctions de l'État en une simple surveillance de la production

de omvorming van de functies van de staat tot een loutere superintendentie van de productie

Toutes ces propositions ne pointent que vers la disparition des antagonismes de classe

Al deze voorstellen wijzen uitsluitend op het verdwijnen van de klassentegenstellingen

Les antagonismes de classe ne faisaient alors que surgir

Klassentegenstellingen waren in die tijd nog maar net aan het opduiken

Dans ces publications, ces antagonismes de classe ne sont reconnus que dans leurs formes les plus anciennes, indistinctes et indéfinies

In deze publicaties worden deze klassentegenstellingen alleen in hun vroegste, onduidelijke en ongedefinieerde vormen erkend

Ces propositions ont donc un caractère purement utopique

Deze voorstellen hebben dus een zuiver utopisch karakter

La signification du socialisme et du communisme critiques-utopiques est en relation inverse avec le développement historique

De betekenis van het kritisch-utopische socialisme en het communisme staat omgekeerd evenredig aan de historische ontwikkeling

La lutte de classe moderne se développera et continuera à prendre une forme définitive

De moderne klassenstrijd zal zich ontwikkelen en vaste vorm blijven krijgen

Cette réputation fantastique du concours perdra toute valeur pratique

Deze fantastische positie van de wedstrijd zal alle praktische waarde verliezen

Ces attaques fantastiques contre les antagonismes de classe perdront toute justification théorique

Deze fantastische aanvallen op klassentegenstellingen zullen elke theoretische rechtvaardiging verliezen

Les initiateurs de ces systèmes étaient, à bien des égards, révolutionnaires

De grondleggers van deze systemen waren in veel opzichten revolutionair

Mais leurs disciples n'ont, dans tous les cas, formé que des sectes réactionnaires

Maar hun discipelen hebben in alle gevallen louter reactionaire sekten gevormd

Ils s'en tiennent fermement aux vues originales de leurs maîtres

Ze houden stevig vast aan de oorspronkelijke opvattingen van hun meesters

Mais ces vues s'opposent au développement historique progressif du prolétariat

Maar deze opvattingen staan haaks op de voortschrijdende historische ontwikkeling van het proletariaat

Ils s'efforcent donc, et cela constamment, d'étouffer la lutte des classes

Zij trachten dus, en wel consequent, de klassenstrijd te verstommen

et ils s'efforcent constamment de concilier les antagonismes de classe

En ze proberen consequent de klassentegenstellingen te verzoenen

Ils rêvent encore de la réalisation expérimentale de leurs utopies sociales

Ze dromen nog steeds van de experimentele realisatie van hun sociale utopieën

ils rêvent encore de fonder des « phalanstères » isolés et d'établir des « colonies d'origine »

ze dromen er nog steeds van om geïsoleerde "phalansteres" te stichten en "Home Colonies" te stichten

ils rêvent de mettre en place une « Petite Icarie » – éditions duodecimo de la Nouvelle Jérusalem

ze dromen ervan om een "Klein Icaria" op te richten - duodecimo-edities van het Nieuwe Jeruzalem

Et ils rêvent de réaliser tous ces châteaux dans les airs

En ze dromen ervan om al deze luchtkastelen te realiseren

Ils sont obligés de faire appel aux sentiments et aux bourses des bourgeois

Ze zijn gedwongen een beroep te doen op de gevoelens en de portemonnee van de bourgeoisie

Peu à peu, ils s'enfoncent dans la catégorie des socialistes conservateurs réactionnaires décrits ci-dessus

Langzamerhand zinken ze weg in de categorie van de hierboven afgebeelde reactionaire conservatieve socialisten

ils ne diffèrent de ceux-ci que par une pédanterie plus systématique

Ze verschillen alleen van deze door meer systematische pedanterie

et ils diffèrent par leur croyance fanatique et superstitieuse aux effets miraculeux de leur science sociale

En ze onderscheiden zich door hun fanatieke en bijgelovige geloof in de wonderbaarlijke effecten van hun sociale wetenschap

Ils s'opposent donc violemment à toute action politique de la part de la classe ouvrière

Ze verzetten zich daarom met geweld tegen elke politieke actie van de kant van de arbeidersklasse

une telle action, selon eux, ne peut résulter que d'une incrédulité aveugle dans le nouvel Évangile

zo'n actie kan volgens hen alleen maar het gevolg zijn van blind ongeloof in het nieuwe evangelie

Les owénistes en Angleterre et les fouriéristes en France s'opposent respectivement aux chartistes et aux réformistes

De Owenisten in Engeland en de Fourieristen in Frankrijk verzetten zich respectievelijk tegen de chartisten en de "Réformistes"

Position des communistes par rapport aux divers partis d'opposition existants

Positie van de communisten ten opzichte van de verschillende bestaande oppositiepartijen

La section II a mis en évidence les relations des communistes avec les partis ouvriers existants

Deel II heeft de verhoudingen van de communisten tot de bestaande arbeiderspartijen duidelijk gemaakt

comme les chartistes en Angleterre et les réformateurs agraires en Amérique

zoals de chartisten in Engeland en de agrarische hervormers in Amerika

Les communistes luttent pour la réalisation des objectifs immédiats

De communisten strijden voor het bereiken van de onmiddellijke doelen

Ils luttent pour l'application des intérêts momentanés de la classe ouvrière

Ze strijden voor de handhaving van de tijdelijke belangen van de arbeidersklasse

Mais dans le mouvement politique d'aujourd'hui, ils représentent et s'occupent aussi de l'avenir de ce mouvement

Maar in de politieke beweging van nu vertegenwoordigen en zorgen ze ook voor de toekomst van die beweging

En France, les communistes s'allient avec les social-démocrates

In Frankrijk sluiten de communisten een bondgenootschap met de sociaaldemocraten

et ils se positionnent contre la bourgeoisie conservatrice et radicale

en ze stellen zich op tegen de conservatieve en radicale bourgeoisie

cependant, ils se réservent le droit d'adopter une position critique à l'égard des phrases et des illusions traditionnellement héritées de la grande Révolution

zij behouden zich echter het recht voor om een kritische positie in te nemen ten aanzien van frasen en illusies die traditioneel zijn overgeleverd uit de grote revolutie

En Suisse, ils soutiennent les radicaux, sans perdre de vue que ce parti est composé d'éléments antagonistes

In Zwitserland steunen ze de radicalen, zonder uit het oog te verliezen dat deze partij bestaat uit antagonistische elementen

en partie des socialistes démocrates, au sens français du terme, en partie de la bourgeoisie radicale

deels van democratische socialisten, in de Franse betekenis, deels van radicale bourgeoisie

En Pologne, ils soutiennent le parti qui insiste sur la révolution agraire comme condition première de l'émancipation nationale

In Polen steunen ze de partij die aandringt op een agrarische revolutie als eerste voorwaarde voor nationale emancipatie

ce parti qui fomenta l'insurrection de Cracovie en 1846

de partij die de opstand van Krakau in 1846 aanwakkerde

En Allemagne, ils luttent avec la bourgeoisie chaque fois qu'elle agit de manière révolutionnaire

In Duitsland strijden ze met de bourgeoisie wanneer deze revolutionair optreedt

contre la monarchie absolue, l'escroc féodal et la petite bourgeoisie

tegen de absolute monarchie, de feodale schildknaap en de kleinburgerij

Mais ils ne cessent jamais, un seul instant, inculquer à la classe ouvrière une idée particulière

Maar ze houden nooit op om de arbeidersklasse ook maar een moment van een bepaald idee bij te brengen

la reconnaissance la plus claire possible de l'antagonisme hostile entre la bourgeoisie et le prolétariat

de duidelijkst mogelijke erkenning van de vijandige
tegenstelling tussen bourgeoisie en proletariaat
afin que les ouvriers allemands puissent immédiatement
utiliser les armes dont ils disposent
zodat de Duitse arbeiders onmiddellijk gebruik kunnen
maken van de wapens die hun ter beschikking staan
les conditions sociales et politiques que la bourgeoisie doit
nécessairement introduire en même temps que sa
suprématie
de sociale en politieke voorwaarden die de bourgeoisie
noodzakelijkerwijs moet invoeren, samen met haar suprematie
la chute des classes réactionnaires en Allemagne est
inévitable
de val van de reactionaire klassen in Duitsland is
onvermijdelijk
et alors la lutte contre la bourgeoisie elle-même peut
commencer immédiatement
en dan kan de strijd tegen de bourgeoisie zelf onmiddellijk
beginnen
Les communistes tournent leur attention principalement
vers l'Allemagne, parce que ce pays est à la veille d'une
révolution bourgeoise
De communisten richten hun aandacht vooral op Duitsland,
omdat dat land aan de vooravond staat van een burgerlijke
revolutie
une révolution qui ne manquera pas de s'accomplir dans des
conditions plus avancées de la civilisation européenne
een revolutie die onvermijdelijk zal worden voltrokken onder
meer geavanceerde omstandigheden van de Europese
beschaving
Et elle ne manquera pas de se faire avec un prolétariat
beaucoup plus développé
En het zal zeker worden uitgevoerd met een veel meer
ontwikkeld proletariaat
un prolétariat plus avancé que celui de l'Angleterre au XVIIe
siècle, et celui de la France au XVIIIe siècle

een proletariaat dat verder gevorderd was dan dat van
Engeland in de zeventiende eeuw en van Frankrijk in de
achttiende eeuw

**et parce que la révolution bourgeoise en Allemagne ne sera
que le prélude d'une révolution prolétarienne qui suivra
immédiatement**

en omdat de revolutie van de bourgeoisie in Duitsland slechts
het voorspel zal zijn van een onmiddellijk volgende
proletarische revolutie

**Bref, partout les communistes soutiennent tout mouvement
révolutionnaire contre l'ordre social et politique existant**

Kortom, de communisten steunen overal elke revolutionaire
beweging tegen de bestaande sociale en politieke orde van
zaken

**Dans tous ces mouvements, ils mettent au premier plan,
comme la question maîtresse de chacun d'eux, la question de
la propriété**

In al deze bewegingen brengen zij de eigendomsvraag op de
voorgrond, als de leidende vraag in elk van deze bewegingen.

**quel que soit son degré de développement dans ce pays à ce
moment-là**

ongeacht de mate van ontwikkeling in dat land op dat
moment

**Enfin, ils œuvrent partout pour l'union et l'accord des partis
démocratiques de tous les pays**

Ten slotte werken ze overal voor de unie en de instemming
van de democratische partijen van alle landen

**Les communistes dédaignent de dissimuler leurs vues et
leurs objectifs**

De communisten verachten het om hun opvattingen en doelen
te verbergen

**Ils déclarent ouvertement que leurs fins ne peuvent être
atteintes que par le renversement par la force de toutes les
conditions sociales existantes**

Zij verklaren openlijk dat hun doelen alleen kunnen worden bereikt door de gewelddadige omverwerping van alle bestaande sociale verhoudingen

Que les classes dirigeantes tremblent devant une révolution communiste

Laat de heersende klassen beven voor een communistische revolutie

Les prolétaires n'ont rien d'autre à perdre que leurs chaînes

De proletariërs hebben niets anders te verliezen dan hun ketenen

Ils ont un monde à gagner

Ze hebben een wereld te winnen

TRAVAILLEURS DE TOUS LES PAYS, UNISSEZ-VOUS !

ARBEIDERS ALLER LANDEN, VERENIGT U!